Jirina Prekop
Eltern dürfen Fehler machen

Jirina Prekop

ELTERN DÜRFEN FEHLER MACHEN

Wie Familien an Schwierigkeiten wachsen

Kösel

Verlagsgruppe Random House FSC-DEU-0100
Das für dieses Buch verwendete Papier *EOS*
liefert Salzer, St.Pölten.

Copyright © 2009 Kösel-Verlag, München,
in der Verlagsgruppe Random House GmbH
Umschlag: Kaselow Design, München
Umschlagmotiv: mauritius images/Photononstop
Illustrationen: Wolfgang Pfau, Baldham
Druck und Bindung: CPI Moravia Books s.r.o., Pohorelice
Printed in Czech Republic
ISBN 978-3-466-30859-0

Weitere Informationen zu diesem Buch und unserem gesamten
lieferbaren Programm finden Sie unter
www.koesel.de

INHALT

Fehler müssen sein oder Vom Sinn der Fehler	**7**
Der Umgang mit Fehlern	12
Dem Ursprung des Fehlers auf der Spur	21
Wie das Kind das Wissen um die Fehler lernt	24
Abrundung der Betrachtungen	30
Empfehlungen für Alleinerziehende, die ihr Kind nicht voll begleiten können	36
Die Eltern geben das Vorbild	**40**
Vorbilder über das Elternhaus hinaus	46
Unnötige Kommunikationsfehler	48
Ein dicker Stolperstein: Disziplin	**57**
Was braucht das Kind wirklich? – Liebe!	72
Wie das Kleinkind sinnvolle Disziplin von Anfang an lernt	78
Der Umgang mit Strafen	87
Fehler im System der Familie rechtzeitig erkennen	**99**
Erziehung zur Religiosität	**111**
Einige Erziehungstipps	119
Literaturempfehlungen	125
Die Autorin	128

FEHLER MÜSSEN SEIN ODER
VOM SINN DER FEHLER

»Jahrelang war ich der festen Überzeugung, richtig gehandelt zu haben, wenn ich mein Kind zur Strafe in sein Zimmer schickte. Jetzt lese ich, dass es ein Fehler war, und ich spüre, wie mich diese Erkenntnis schmerzt. Ich habe eine unverzeihliche Wut auf mich selbst.« Eine Trauer macht sich breit, so als wäre alles verloren. Oft höre ich Eltern, die sich wie diese Mutter zutiefst über einen Fehler grämen. Das Entsetzen ist umso größer, als sie doch absolut keinen Fehler machen wollten und nur das Beste für ihr Kind im Sinn hatten!

Es erscheint einem als Heimtücke der Natur, wenn man sich die Unabwendbarkeit der Fehler einmal bewusst macht: *»Das Leben muss man nach vorne leben, die Fehler aber erkennt man nur rückblickend.«* So beschrieb dieses Lebensgesetz sinngemäß der weltberühmte Mystiker Søren Kierkegaard. Im Grunde aber kennt es jeder: ohne Fehler kein Lernen. So gerät man sozusagen, ohne es zu wollen, in die Schuld.

Und noch eine Tücke: Eltern werden nun mal relativ junge Menschen, die kaum oder wenig Erfahrung mit der Erziehung haben. Heutzutage gibt es immer mehr unerfahrene Eltern, weil die meisten in kinderarmen Familien oder als Einzelkinder aufgewachsen sind. Die erste erzieherische Erfahrung machen sie dann mit ihrem eigenen Kind, der größten Kostbarkeit, die es gibt. Und alle Menschen um sie herum, die eigene Mutter, die Schwiegermutter, die Tanten, Großmütter etc. bestaunen die junge Mutter, wie wunderbar – oder eben nicht – sie mit dem Kleinen umgeht. So manch eine Frau fühlt sich von diesen vielen Blicken verunsichert. Natürlich wirkt sich das auch auf ihre innere Sicherheit und ihr Selbstwertgefühl aus. Dabei ist es ganz natürlich, dass junge Eltern schon aufgrund ihrer Unerfahrenheit zwangsläufig Fehler machen, obwohl sie gute Eltern sein möchten. Besonders stark macht sich dies beim erstgeborenen Kind bemerkbar. Mit einer Prise Humor pflege ich bei meinen Vorträgen gerne zu sagen, dass ich jetzt mit 80 Jahren aufgrund meiner lebenslangen Erfahrung eine perfekte junge Mutter wäre. Ein großes Gelächter im Publikum belohnt jedes Mal diesen kleinen Witz. Ja, es ist ein Absurdum, aber dennoch ist es so.

In meinem Buch *Von der Liebe, die Halt gibt* gab ich einem Kapitel den Titel »Keine Angst vor Fehlern«. Zwar stehe ich nach wie vor hinter allem, was ich darin über die Nützlichkeit der Fehler schrieb, aber

Fehler müssen sein oder Vom Sinn der Fehler

eigentlich war der Titel ein Fehler an sich, denn ein wenig Angst vor Fehlern muss schon sein, um sich überhaupt Gedanken über das Richtige und über das Falsche machen zu können. Selbst der mutige Reinhold Messner bestieg nie ohne Angst und Respekt vor der Herausforderung einen Achttausender. Nur etwas Angst bewegt zur Sorgfalt.

Stehen wir also dazu, dass zu Fehlern das Wissen um die Gefahr und die daraus folgende Angst gehört und dass nur »Angsthasen« aufgrund ihrer übertriebenen Angst lieber auf jegliche neue Erfahrungen verzichten. Solche Menschen sind beispielsweise auch nicht in der Lage, sich von den eigenen Eltern loszulösen und selbstständig zu werden. Der mutige Mensch jedoch lässt sich nicht abschrecken. Nachdem er den Fehler erkannt hat, macht er ihn wieder gut, verarbeitet ihn und steigt daraus mit erneuerter Lebenskraft – quasi wie der Phönix aus der Asche – wieder empor. Er traut sich, ein neues Fehlerrisiko auf sich zu nehmen, allerdings wird er dabei mit einer bewussteren Behutsamkeit ausgestattet sein. Wenn etwa ein Bergsteiger den Halt für den nächsten Schritt nicht ausreichend geprüft hat und deshalb der Felsen unter ihm etwas nachgibt, so erkennt er seinen Fehler sofort und wird beim nächsten Schritt den Felsen genauer prüfen. Oder: Hat ein Autofahrer die Vorfahrtsregel nicht beachtet und dadurch einen Unfall verursacht, so muss er für die Schäden selbstverständlich aufkommen und sowohl eigene leibliche Schmerzen als auch Gewissensbisse oder ein Bußgeld ertragen. Danach wird er die Verkehrsregel viel bewusster einhalten als vorher!

Das lässt sich auch auf die Erziehung übertragen. Wenn Eltern ihrem Sohn stundenlanges Computerspielen blauäugig gestattet haben, doch nun durch die in der Presse dargestellten Warnbeispiele die Gefährlichkeit solcher Spiele erkennen, ihren Leichtsinn bereuen und den Umgang mit dem Computer nach pädagogischen Maßstäben rechtzeitig ändern, dann sind sie eben als praktizierende Pädagogen gewachsen.

Die heilsame Wirkung der Fehler geschieht ausnahmslos durch das Erkennen und durch die Verarbeitung.

Das leuchtet ein. Eine Heilung kann sich also ausnahmslos in diesem Prozess ereignen. Nicht anders meinen es alle psychotherapeutischen Methoden, von Freud bis zu den gegenwärtigen Traumatherapeuten. Das Wissen um die Gefahr der Verdrängung der unverarbeiteten Erlebnisse begann jedoch nicht erst mit Sigmund Freud. Er hat lediglich diese Erkenntnisse an die Wissenschaft übermittelt und zu seiner psychoanalytischen Methode herausgearbeitet. Doch schon seit dem Neuen Testament haben die Menschen eine Möglichkeit, Fehler zu verarbeiten, die Vergehen zu erkennen und Versöhnung zu erlangen:

durch die Beichte. Sie zählt in der katholischen, der orthodoxen und der koptischen Kirche als das Sakrament der Buße und der Versöhnung zu den Sakramenten der Heilung. Was ist ihr Sinn? Diese Frage beantwortete mir in einem persönlichen Gespräch der Priester Leo Kuchar: *»Es ist nicht Aufgabe der Religion, immer nur von Schuld und Sühne zu sprechen. Das würde krankhafte Schuldgefühle schüren. Der Auftrag der Religion ist aufzuzeigen, dass es Auswege aus Schuld und Sühne gibt, bewirkt durch die echte Versöhnung mit Gott und den Menschen. Die Schuld bewältigt man nicht durch Verdrängung, sondern durch ihr bewusstes Erkennen und die bewusste Aufarbeitung, der Distanzierung von der Schuld und schließlich dadurch, dass Gott und die Mitmenschen mir verzeihen. Die Befreiung ist also die wahre Botschaft. Das ist der Sinn des Sakraments der Beichte.«*

In der Prüfung des Gewissens, im Erkennen und im Bereuen eigener Fehler, in dem Vorsatz, sowohl sich selbst trotz der begangenen Fehler als auch den anderen trotz seiner Fehlbarkeit zu lieben, leuchtet der mystische Kern des höchsten Prinzips der Liebe. Die Quelle der Wahrheit, der Auferstehung und des ewigen Lebens.

DER UMGANG MIT FEHLERN

Es gibt zwei Extreme, mit Fehlern umzugehen, und diese sind vollkommen gegensätzlich. Im ersten Fall wird der Fehler aus Angst gemieden. Im zweiten Fall wird er wegen fehlender Angst ohne Weiteres zugelassen. In keinem der Fälle kann die polare belebende Kraft des Fehlers in Fluss kommen, bei beiden wird er nicht erkannt und verarbeitet. Im ersten Fall geschieht eine Blockierung, noch bevor der Fehler überhaupt passieren konnte. Die Hemmung entsteht durch die lähmende Angst, überhaupt einen Fehler begehen zu können. Dabei ist es schon ein Fehler an sich, einem solch selbstzerstörerischen Gefühl zu unterliegen. Schlimmer ist es sogar noch, aus lauter Angst vor Fehlern überperfektionistisch handeln zu wollen. Solche verängstigten, zur Perfektion neigenden Eltern kann man keinem Kind wünschen, denn von ihnen kann es nicht lernen, sich dem Leben zu stellen und sich durchzusetzen. Dabei gehören zur Entwicklung der eigenen Lebendigkeit Versuch und Irrtum – sprich begangene Fehler. Diese panische Angst vor Fehlern kenne ich besonders von Müttern, die sich vorwiegend alleine und auf eine perfektionistische Weise für die Erziehung verantwortlich fühlen. Sie zeichnen sich dadurch aus, dass sie keine Chance verpassen, ihr Kind zu fördern, und es beispielsweise schon im Alter von zwei Jahren zum Englischkurs anmelden, es be-

Fehler müssen sein oder Vom Sinn der Fehler

reits mit fünf zur Computerfortbildung bringen, japanische Kampfspiele einstudieren lassen usw.

Sie reißen die Verantwortung für das Kind nahezu an sich, nehmen die Rolle des Vaters gleich mit ein, obwohl dieser im gemeinsamen Haushalt wohnt und für seine Rolle eigentlich zur Verfügung stünde. Diese Elternpaare bemerken ihren Fehler zunächst überhaupt nicht. Ja, es meinen sogar beide, dass die Arbeitsteilung – die Mutter als Erzieherin der Kinder und der Vater mit seinem Beruf als finanzieller Versorger der Familie – richtig ist. Erst wenn es mal »brennt«, meist bei den Jungen, suchen sie nach dem Fehlenden. Im Kapitel »Fehler im System der Familie rechtzeitig erkennen« werde ich näher auf diese Ordnungen eingehen (siehe S. 99 ff.).

Diese Eltern projizieren ihre eigene Wunschwelt auf ihre Kinder, ohne ihnen dabei eine Chance zu geben, die eigene Identität zu entfalten. Zurückgestutzte Sträucher im steril ordentlichen Garten. Maskenhafte Barbiepuppen auf dem Laufsteg. Diese Kinder sind keinesfalls für ihr Leben vorbereitet, denn irgendwann sehen sie sich unerwarteten Prüfungen ausgesetzt, haben aber nie gelernt, mit Problemen und Entscheidungen umzugehen. Was tut dann der Unerfahrene? Wählt er einen falschen Ausweg?

Im zweiten Fall dagegen wirkt vielmehr die Blauäugigkeit. Eine Verharmlosung der Gefahr. Die Angst ist

Fehler müssen sein oder Vom Sinn der Fehler

nicht oder höchstens minimal vorhanden. Und so
auch das Wissen um den Fehler. Die Eltern gehen davon aus, dass sie keine oder nur minimale Fehler begehen. So »schleifen« sie sozusagen den Fehler jahrelang
mit, ohne es zu wissen und ohne sich Gedanken über
Auswirkungen auf die Persönlichkeitsentwicklung
ihres Kindes zu machen. In den meisten Fällen handelt es sich dabei um Eltern, die dem Kind seine mate-
riellen Wünsche durchaus lückenlos erfüllen, es aber
im Bezug auf die inneren Bedürfnisse verdursten und
verhungern lassen. Wohlstandsverwahrlosung heißt
die neue Wortschöpfung. Ein Fehler, der sehr schwer
reparabel ist. Ihre Opfer sind beispielsweise unter den
Jugendlichen zu finden, die trotz guter Intelligenz
keine Ausbildung abschließen, weil sie nicht gelernt
haben, etwas zu Ende zu bringen und ihre Lustlosig-
keit zu überwinden. Auch das sogenannte Komasaufen und die Zuflucht in andere Drogen zeigt sich
häufig bei Kindern, denen niemand geholfen hat, den
Sinn des Lebens zu entdecken. Oftmals suchen sich
diese jungen Menschen einen rettenden Ausweg aus
dem moralischen Chaos des eigenen Elternhauses
und geraten dabei nicht selten in die schlechten Hände
von zum Beispiel rechtsgerichteten Organisationen.
Ersichtlich werden die traurigen Folgen dieser Wohlstandsverwahrlosung mitunter auch an Jugendlichen,
die von Computerspielen abhängig werden. Die tra-
gische Spitze bilden junge Menschen aus »gutem«

Hause, die ungeahnt zu Amokläufern werden. Dazu ein fiktiver Fall:

DIE TRAGÖDIE EINES AMOKLÄUFERS

Aus der Presse erfuhren die Eltern des zehnjährigen Daniel so einiges über das Suchtpotenzial, das von Computerspielen ausgeht, und stießen dabei auch auf besonders brisante Informationen über sogenannte »Ego-Shooter«, also Computer- oder Konsolenspiele, bei denen sich der Spieler aus der Ich-Perspektive in einer dreidimensionalen Spielwelt bewegt und dabei Menschen tötet. Auch Daniel liebte seinen Computer. Er konnte damit sogar geschickter umgehen als seine Eltern. »Es ist ja besser, wenn er in seinem Zimmer am Computer übt, als dass er auf der Straße auf schlechte Freunde stößt«, meinte seine Mutter. »Ja, er spielt auch Kriegsspiele. Was soll's? Kriege gab es doch schon immer. Auch die beiden Großväter waren schließlich im Krieg und sind trotzdem gute Menschen geblieben. Und außerdem sind das ja nur Spiele.« Unter dem Weihnachtsbaum freute sich Daniel am meisten über die Computerspiele, die er geschenkt bekam. Reale Freunde hatte er nicht. »Es ist so schwer, heutzutage einen anständigen Jugendlichen zu finden, der zu meinem Daniel passen würde«, beschwerte sich die Mutter. Einige Mitschüler luden ihn zu Geburtstagsfeiern ein und er erwiderte auch ihre

Einladungen. Meist mündeten diese Feste jedoch darin, dass alle wieder Computer spielten. Daniel konnte es von allen am besten. Natürlich trieb er auch Sport. Schwimmen und Tennis. Einmal wurde der Vater bei einer Elternversammlung gefragt, wie er reagiere, wenn Daniel beim Pokalspiel verliere oder gewinne: »Immer konsequent, wie unsere ganze Erziehung«, antwortete der stolze Papa. »Wenn er gewinnt, bekommt er von mir Geld. Wenn er verliert, dann lese ich ihm die Leviten.« Gespräche zu Hause? Leider selten. Beide Eltern waren berufstätig, leisteten eine Überstunde nach der anderen. Das Haus war ja noch mit Schulden belastet, und sie wollten es einmal ihrem Sohn schuldenfrei überlassen. Am besten verstand sich Daniel mit seinem Großvater. Bei ihm konnte er sogar ab und zu mit einer echten Pistole schießen und ihn in den Schützenverein begleiten.

Als Daniel 15 Jahre alt ist, werden seine Eltern durch die Medien, die vom Amoklauf von Erfurt berichten, auf die Problematik der »Killerspiele« aufmerksam. Man solle vorsichtig sein. »Aber doch nicht unser Sohn«, meinen die Eltern. Dennoch bitten sie Daniel, die »Killerspiele« auf eine Stunde am Tag einzuschränken. Vermeintlich kommt er dieser Bitte nach, aber eben nur scheinbar. In Wirklichkeit schaltet Daniel blitzschnell auf ein harmloses Programm um, sobald Vater oder Mutter zur Kontrolle in sein Zimmer kommen.

Fehler müssen sein oder Vom Sinn der Fehler

In der schicksalhaften Nacht schaltet er seinen
Computer gar nicht aus. Das »Spiel« bleibt in Daniels
Kopf hängen. In derselben Nacht bekommt er von
Luisa, seiner Mitschülerin, eine SMS. Sie gibt ihm
eine endgültige ablehnende Antwort auf seine An-
näherungsversuche. Hämisch, abwertend, auslachend.
Jedes ihrer Worte klingt wie ein tödlicher Schuss. Am
Morgen frühstückt er mit seinen Eltern. Anstelle jedoch in die Schule zu gehen, sucht er das Haus seiner
Großeltern auf, mit der Begründung, er habe dort ein
Schulheft vergessen. Aus dem Schrank seines Opas
entwendet er die Pistole, steckt sie heimlich in die
Tasche seines Anoraks und verabschiedet sich wie immer. »Er war irgendwie anders«, wird sein Großvater
später erzählen. »Irgendwie erwachsen. Fremd.« Auf
direktem Wege geht er in seine Schulklasse, erschießt
neun seiner Mitschülerinnen, die zweite davon Luisa,
zuletzt seine Lehrerin und tötet sich anschließend
selbst.

Viel zu spät haben die Eltern ihre Fehler erkannt.
Jahrelang haben sie ihren Sohn über viele Stunden des
Tages allein dem Computer überlassen. Sie sorgten
sich nicht um Freundschaften mit anderen Kindern.
So blieb Daniel ein Einzelgänger. Das einzige Vorbild
auf seiner Suche nach einer eigenen Identität fand
er in der virtuellen Computerwelt. Die Einseitigkeit
seiner Hobbys und seine Vereinsamung wurden nicht

Fehler müssen sein oder Vom Sinn der Fehler

nur von seinen Eltern übersehen, auch der Klassenlehrer nahm sie nicht wahr. Kein einziges Mal kam es zu einem Gespräch der Eltern mit einem Lehrer. Aber Daniel fiel in der Schule einfach nicht auf, er war der Anständige und der Stille, eher ein Ja-Sager, niemand, der sich in den Vordergrund spielte.

Wohlig versorgt mit dem Wohlstand unserer Gesellschaft, zwischen Zentralheizung und voller Speisekammer, gebunden an die virtuelle Welt, ist der junge, introvertierte, technisch begabte, durch die Pubertät aufgewühlte Mensch in Gefahr, seine Realität durch die Fiktion zu ersetzen. Es brodeln in ihm unverarbeitete, angestaute Aggressionen, weil er sie weder in der Trotzphase noch in der pubertären Rebellion zulassen durfte, sondern immer durch irgendeinen Genuss, wie das Fernsehen oder PC-Spiele, abgelenkt wurde. Und passiert ihm einmal ein emotionaler Schlag, der mächtiger als die Kraft des Bildschirmes ist, dann explodiert das Angestaute. Die gebrechliche, nicht belastbare Identität wird abgespalten und das Szenario wird von der Fiktion übernommen. Darunter brodelt der Hass gegen sich selbst und gegen die Menschen, die ihn nicht lieben. Der Betroffene handelt in der Gestalt des PC-Killers. So wie er, ohne Vorwarnung, rottet er die feindliche Welt und schließlich sich selbst aus.

Wie an diesem Beispiel ersichtlich, handelt es sich

Fehler müssen sein oder Vom Sinn der Fehler

hierbei nicht um eine einzige schwere Ursache, sondern vielmehr um ein Bündel von Dispositionen und Gründen, die solchen Taten zugrunde liegen. Diese sind nicht etwa an einer mangelhaften Zensur von Computerspielen oder an einem zu milden Waffengesetz auszumachen. Hier manifestieren sich in bestimmten Symptomen die Konsequenzen von wesentlich früheren Ursachen. (Es ist erschreckend, wie hartnäckig die Politiker und Journalisten die Symptome mit den Ursachen vertauschen!) Jede einzelne Ursache wäre als Fehler ziemlich leicht behandelbar gewesen, wäre er denn rechtzeitig erkannt worden. Wenn das Kind sich auf die bedingungslose Liebe, das Vertrauen zu den Eltern und ihre Wertorientierung hätte verlassen können, so wäre ihm niemals der PC oder das Schießen als Ersatz für die Realität existenziell wichtig geworden. Sucht entsteht immer nur durch den Missbrauch eines Ersatzmittels, mit dem man sich das Wohlgefühl der wahren Liebe und Zuneigung verschaffen will.

Noch eine Frage nach den Ursachen, den Fehlern: Welches Verständnis konnte Daniel von seinen Eltern erwarten, wenn er sich nicht traute, sich mit seinem schmerzhaften Liebesverlust ihnen anzuvertrauen? Er hüllte sich, wie jahrelang eingeübt, in Schweigen. In seine innere Emigration.

Ein trauriges Kapitel. Ohne Hoffnung. Es wurde mit dem letzten Schuss der Pistole ausgelöscht. Doch es fällt mir sehr schwer, mit dieser Hoffnungslosigkeit abzuschließen. In meinem sehr langen Berufsleben habe ich nämlich einige wenige Fälle erlebt, in denen nahezu auf wundersame Weise grobe Versäumnisse aus der Kindheit wieder aufgeholt wurden. Mittels einer rechtzeitigen Unterbringung in der psychiatrischen Klinik oder in einem sehr guten Internat hat man den gefährdeten Jugendlichen noch auffangen können. Ich denke auch an einen Mann, dessen Wende durch die Berge versetzende Liebe seiner Ehefrau geschah. Ich weiß von Fällen, bei denen in letzter Sekunde noch Wunder passierten. Auf solche Wunder kann man sich in der Erziehung jedoch auf keinen Fall verlassen. Das wäre purer Leichtsinn.

Da wir bereits die höhere Dimension berührt haben, so gönnen wir uns doch eine kleine Besinnungspause, um an dieser Meta-Ebene die höhere Logik des Fehlermachens besser verstehen zu können. Kehren wir also bei unserer Spurensuche nach dem Ursprung des Fehlers um Millionen von Jahren zurück.

DEM URSPRUNG DES FEHLERS
AUF DER SPUR

Gehen wir davon aus, dass uns die Fehler durch den göttlichen Schöpfungsplan vorgegeben sind. Bevor ich ihre lebensgesetzliche Wichtigkeit praxisnah anschaue, möchte ich noch einen kritischen Blick auf diesen Plan werfen und ihn hinterfragen. Steckt in dem Lebensgesetz »das Leben nach vorne, die Fehler nur rückblickend« etwa dasselbe Schöpfungsgesetz der Polarität, wonach alles, was wächst, der Richtung von unten nach oben folgen muss, um sich mit seiner Energie gegen die Gravitation der Erde aufzubäumen? Wann und von wem wurde eigentlich der erste Fehler begangen? Und wer hat ihn geschürt und zugelassen?

Folgt man der Schöpfungsgeschichte, so beging eindeutig Eva den ersten Fehler. Sie wusste von den für das Paradies aufgestellten Regeln, die Gott ihrem Mann Adam aufgetragen hatte: Es war strengstens verboten, die Früchte vom Baum der Erkenntnis zu pflücken. Bei einer Überschreitung dieser Regel würden sie mit der Vertreibung aus dem Paradies bestraft werden. Trotzdem gab Eva ihrer Genussgier den Vorrang vor dem Einhalten der Regel. Von der listigen Schlange verführt, riskierte sie den Fehler und griff nach dem verbotenen Obst. Im erotischen Rausch verführte sie auch noch ihren Mann zum selben Fehler. Wie vorgewarnt, wurden beide dafür aus dem Paradies vertrieben.

Da drängt sich doch die Frage auf, wer den Baum der Erkenntnis denn pflanzte? Wer hat Eva mit ihrer Verführungskunst ausgestattet? Wer hat Adam so geschaffen, dass er überhaupt anfällig für diese Verführungskunst war? Diese Fragen sollen nicht als ketzerisch verstanden werden, vielmehr ist hier die Weisheit der Schöpfung mit ihrer reinen Logik zu bewundern. Wer sonst war es nämlich, der es so wollte, wenn nicht der Schöpfer selbst! Die Fehler waren und sind also gewollt, ja, geradezu vorprogrammiert. Aber warum? Sicherlich nicht, weil Gott strafen will. Vielmehr ging es ihm wohl um ein Mittel, womit er die Menschen in das Gesetz der Polarität einbinden konnte, denn in unserem Kosmos fließt jegliche Energie nur zwischen zwei Polen. Der Atem besteht aus dem Aus- und dem Einatmen, der Schritt entsteht durch Bewegungen des rechten und des linken Beines, das Kind entsteht durch den Mann und die Frau. Der Mensch weiß von seiner Kraft und demzufolge von seiner Identität nur dann, wenn er trotz seiner Angst sein Tun auf das Ziel hin ausrichtet. Im einseitigen harmonischen Wohlstand des Paradieses konnte sich die Menschheit nicht entwickeln. Bekanntlich hatten Eva und Adam erst Kinder, als sie aus dem Paradies vertrieben worden waren. Sie mussten hinaus auf den mühseligen Weg, um die Kraft zum Aufstehen und Weitergehen auszubilden. Durch Krisen hin zu Chancen. Welcher gute Sinn also steckt in den Fehlern?

Wie ich schon angedeutet habe, sind die Werte zwischen dem Richtigen und dem Falschen, zwischen dem Guten und dem Bösen nur aufgrund der wahrgenommenen Fehler erkennbar. Erst wenn das Kind beispielsweise trotz Verbotes seine Hand auf die noch warme Herdplatte gelegt hat, erkennt es den Fehler, vor dem es gewarnt worden war. Somit ist auch die Orientierung an den Werten gewährleistet. Im Wort »wahrgenommen« steckt die »Wahrheit«. Das Erkennen der Werte ist die Grundlage für das Bewusstsein, für das Verständnis, für die Realität und darauf aufbauend auch für die Abstraktionen, für die Entwicklung des Denkens und des Handelns, für die Ethik und für das Gewissen. Mit anderen Worten: Die Polarität ist die Festplatte eines Computers, auf der die Software, sprich die Menüs für die einzelnen Werte und für deren vielfältige Verbindungen und Auswirkungen, installiert werden kann. Darin ist das kostbarste Gut, nämlich die Liebe verankert. Sie zählt für sich selbst und den Nächsten nur, wenn sie trotz aller Fehler, also bedingungslos im Nehmen und Geben fließen kann.

WIE DAS KIND DAS WISSEN
UM DIE FEHLER LERNT

Die Basis für die klare Unterscheidung zwischen gutem und schlechtem Handeln kann sich beim Kind nur dadurch ausbilden, indem ihm das Gute wie auch das Schlechte in seinem Verhalten bewusst gemacht, also mit einem eindeutigen »Ja« oder eben mit einem klaren »Nein« benannt werden. Eltern sollten damit beginnen, sobald das Kind dem Säuglingsalter entwachsen ist, denn schon im elterlichen »Nest« soll das Kind erfahren, dass es trotz seiner Fehler bedingungslos geliebt wird. Ab etwa dem ersten Lebensjahr versucht das Kind krabbelnd und sich an Gegenständen hochziehend seine Umwelt zu erkunden, sie zu seinem eigenen kleinen Reich zu machen, neugierig nach Dingen zu greifen und auszuprobieren, was man mit ihnen so alles machen kann. Zeitgleich dazu stellen sich ihm auch die ersten Verbote und Beschränkungen in den Weg. Immer noch erfährt das Kind die liebevolle Begleitung und das stete Angenommensein durch die Eltern. Das »Ja!«, mit dem sie ihm begegnen, seine Lebensäußerungen erwidern und es zu neuem Tun animieren, gilt immer noch. Doch bald wird es auch mit einem ihm bis dahin unbekannten »Nein!« konfrontiert werden.

Dazu ein Beispiel: Das Kind rutscht vom Schoß seiner Mutter herunter und krabbelt durch das Zim-

Fehler müssen sein oder Vom Sinn der Fehler

mer. Es greift nach herumliegenden Dingen, betatscht einen Klotz, klopft mit ihm auf dem Teppichboden, zeigt ihn seiner Mutter und steckt ihn ihr dann mit aller Kraft in den Mund. Bis jetzt spürte das Kind die Freude seiner Mutter über seine neugierigen Erkundungen und war über ihre lobenden Worte (»Fein! Toll! Ja!«) glücklich. Nun aber hört es von der Mutter ein resolutes »Nein!«. Es spürt, wie seine Hand mit dem Klotz weg vom Mund geführt und wieder zum Beklopfen des Teppichs animiert wird. Das unbekannte »Nein« erscheint dem Kind sehr reizvoll und so versucht es erneut, die Mutter mit dem Klotz zu erreichen. Diesmal aber ist der Mund der Mutter zu weit entfernt und so schlägt es mit dem Klotz gegen ihr Knie. Es hört wieder das resolute »Nein« mit dem Nebensatz: »Das tut mir weh!« Daraufhin bietet ihm die Mutter einen Hocker an, auf dessen Platte das Klopfen mit dem Klotz besonders laut hallt. Wieder und noch deutlicher hört es ein begeistertes »Ja!«, als es den Hocker freudig »beklopft«, und obwohl ihm auch das »Nein« irgendwie reizvoll erschien, zieht es das »Ja« und somit auch die Harmonie mit der Mutter vor.

So lernt es auf der Stufe der ersten Erkenntnisse, dass es Grenzen gibt, dass manche Dinge erlaubt, andere wiederum verboten sind. Dies prägt sich in das junge Gehirn ein. Diese Erkenntnis sollte auch für die gesamte Erziehung selbstverständlich sein. Zwar muss das klare »Nein!« sein – manches sollte also verboten werden –, das »Ja!« sollte aber wesentlich überwiegen.

Der Lernprozess für den Umgang mit Fehlern hat einen logischen Verlauf, der auf der Wahrnehmung fußt und die Schwelle zum Verstand überbrückt. Zunächst nimmt das Kind das »Nein« als warnendes Signal wahr. Erst durch konsequente Wiederholungen stellt es fest, dass ihm dadurch eine Grenze gesetzt wurde, und erst dann kann es begreifen, dass es ein Fehler wäre oder schon einer ist, diese Grenze zu überschreiten. Es fühlt sich durch seine wachsende Wissbegierde und auch durch sein noch unrealistisches Selbstwertgefühl zum Überschreiten verleitet. (Wir wissen, dass eine solche angehäufte Bereitschaft zur Herausforderung der Grenzen um das zweite bis dritte Lebensjahr die Trotzphase und im jugendlichen Alter die Pubertät heraufbeschwört.) Das Kind kann aber einen Fehler erst nach dem Misslingen seiner Aktion feststellen. Es erfährt ihn zum Beispiel direkt, wenn es einen Keks in eine Trinkflasche gesteckt hat und nun an diesem nicht weiterknabbern kann. Das Überschreiten eines Verbotes seiner Eltern erfährt es hingegen durch deren verärgerte Rückmeldung. Ausschließlich durch die Wahrnehmung ihrer in diesem Fall negativen und verärgerten Gefühle erschließt sich ihm der Fehler. Schon der Gesichtsausdruck der Mutter eröffnet ihm den Blick auf ihre Gefühle und gibt ihm somit auch die Chance zur Einsicht. Das ist die Voraussetzung und der Weg zur Rücksicht und zur Wiedergutmachung. Solche emotionalen Konfrontationen sollten eigentlich immer am besten unter einer Umarmung – von Herz zu Herz und von Angesicht zu Angesicht – erfolgen. Auf direktem Weg und nicht über den für das Kind irritierenden Umweg über einen Dritten. Die versöhnende, die Liebe erneuernde Umarmung ist von absoluter Wichtigkeit. Hierbei stütze ich mich auf die Jahrtausende alten Erfahrungen der Menschheit, die überall in der Welt gemacht wurden und auch heute noch bei Naturvölkern gelebt werden, denn Letztere halten auch heute noch ihre Kinder in den ersten drei Lebensjahren viele Stunden des Tages im Tragetuch fest. Wie weise, denn indem es *getragen* wird, wird das Kind auch unter allen Umständen *ertragen*. Auch wenn es einen Fehler gemacht hat, spürt es immer noch die enge körperliche Nähe zur Mutter. Der auf den ersten Blick ersichtliche Zweck des Tragetuchs besteht im Schutz und im Transport des Kindes, der tiefere Sinn ist jedoch die Vermittlung der vorbehaltlosen Liebe. Diese tragende Umarmung ist das einzige wahrnehmbare Medium, unter dem sich das Kind geliebt weiß, auch wenn es einen Fehler begangen hat.

Sein unwiderstehliches Verlangen nach Rückmeldungen befriedigt das Kind nicht nur bei seiner Mutter, sondern natürlich auch bei seinem Vater, ebenso wie bei den Großeltern. Dabei signalisiert es nicht nur seine Bereitschaft, andere Bezugspersonen an seinen freudigen Erkundungen teilhaben zu lassen, indem es zum Beispiel zeigt, was es in der Hand hält, oder diesen Gegenstand dem anderen gibt. Ein temperamentvolles Kind überträgt auch seine Erfahrungen mit überschüssigem Kraftaufwand auf andere Bezugspersonen. Es möchte testen, wie diese auf seine aggressiven Herausforderungen reagieren – ähnelt die Reaktion zum Beispiel die der Mutter oder sieht sie anders aus? Dem Sicherheitsgefühl des Kindes tut es gut, wenn die Reaktionen von Vater und Mutter übereinstimmen. Hat das Kind beispielsweise seinen Vater ins Ohrläppchen gebissen, so sollten weder er noch die Mutter darüber lachen, sondern der Vater sollte mit einer ernsten Mitteilung in der Ich-Form reagieren, wie: »Nein, das tut mir weh!« Mit seiner Hand weist er den Mund des Kindes dabei von seinem Ohr weg.

Allmählich soll das Kind aber auch die Wiedergutmachung seiner Fehler lernen. Hat es beispielsweise die Katze mit seinem Hausschuh geschlagen, bekommt es von seiner Bezugsperson durch ihr vorbildliches Verhalten eine Anleitung, wie man auf so einen Fehler reagiert. Beruhigend und sanft streichelt sie die Katze und sagt dem Kind, was es selbst noch nicht formulieren kann: »Du brauchst keine Angst zu haben. Benjamin will dir nicht wehtun. Er hat dich so gerne.« Zwischenzeitlich leitet sie Benjamins Hand zum Streicheln der Katze an.

Ein weiteres Beispiel: Wenn das Kind trotz Warnungen ein Glas mit Wasser umgestoßen hat, dann kann es unter der sanften, jedoch sicheren Führung und durch das Vorbild der Mutter lernen, wie man das Wasser wieder wegwischt. Beide tun es gemeinsam. Später wird das Kind eine solche Wiedergutmachung dann verinnerlicht haben und das Wasser selbst wegwischen.

Grundwerte prägen sich dem Kind in ihrer Eindeutigkeit umso fester ein, je konsequenter jede einzelne Bezugsperson ihre Reaktion zeigt und je einheitlicher, sprich aufeinander abgestimmt, alle Bezugspersonen diese Grundwerte repräsentieren. So wächst das Kind in die gemeinsamen Werte hinein. Wenn es die ihm gegebenen ethischen Maßstäbe verinnerlicht und zum eigenen feinfühligen Gewissen gemacht hat, wird ihm auch sein eigener Fehler bewusst, ohne dass es eine Konfrontation seitens anderer bedarf. Im Zuge seiner weiteren Entwicklung werden natürlich die kreativen Entdeckungen des Kindes immer anspruchsvoller und das Verständnis für soziale Zusammenhänge immer komplexer. Die im frühesten Lebensalter angelegten Maßstäbe für Gut und Böse bleiben im Prinzip aber ein ganzes Leben lang erhalten, wie auch das angelegte emotionale Fundament, in dem sie verankert sind. Ich sage gerne: »Was das Hänschen lernte, das behält der Hans«, in Anlehnung an das bekannte Sprichwort. Genauso bleiben auch die erkannten Werte für das Handeln ein Leben lang wirksam: »Mitmenschen und auch Tiere darfst du nicht verletzen. Aufgrund deiner Einfühlung und deiner Rücksichtnahme musst du dich zurücknehmen. Aber deine Lebensfreude und deine Wissbegierde darfst du im vollen Maße kreativ ausleben, andere Mitmenschen dabei einbeziehen und dich auch von ihrem Vorbild inspirieren lassen.«

ABRUNDUNG DER BETRACHTUNGEN

An dieser Stelle möchte ich nochmals die Bedeutung der ersten drei Lebensjahre des Kindes unterstreichen. In dieser Zeit können einige Stolpersteine auf dem Weg seiner Entwicklung liegen, denen die Eltern durch ihr Verhalten jedoch ausweichen können. Um welche Stolpersteine handelt es sich dabei?

- ◆ Stolpersteine durch Kopflastigkeit und Angst vor Versäumnissen: Das Kleinkind wird hierbei mit Lernangeboten (zum Beispiel Spielprogramme zur Förderung der Mathematik, der Fremdsprachen, u.a.) überfordert. Ihm bleibt nicht genügend Freiraum für seine eigene Neugierde.

Fehler müssen sein oder Vom Sinn der Fehler

◆ Stolpersteine durch Überbesorgnis: Das Kind wird vor der »Mühsal« kleiner Anstrengungen »beschützt« (etwa dem Klettern auf eine Leiter oder beim Kontakt mit einem anderen Kind).

◆ Stolpersteine durch übertriebene Strenge: Das Kind wird für seine Wutäußerungen und Versuche, sich aufzubäumen, mit einem »Klaps«, mit Nicht-Beachten, Liebesentzug oder Aussperren bestraft.

◆ Stolpersteine durch zu große Nachgiebigkeit: Dem Kind werden gar keine Grenze gesetzt.

◆ Stolpersteine durch Ambivalenz: Die Eltern können ihre gefühlsmäßigen Reaktionen nicht klar zum Ausdruck bringen. Sie sind nicht in der Lage, ein eindeutiges, zuverlässiges »Nein« auszusprechen, sie handeln sozusagen »wischi-waschi« und verunsichern das Kind. Nicht selten macht es dieses Verhalten nervös oder auch wütend.

Um sich von der Problematik dieser Stolpersteine ein Bild zu machen, genügt es, sich die Folgen für das Kind vorzustellen, die wir ja leider, wie schon erwähnt, heutzutage in unserer Umgebung wahrnehmen können: zum Beispiel Jugendliche, die die Lehrstelle ständig wechseln, weil ihnen die Arbeit dort keinen Spaß macht, oder die sich bis zur Besinnungslosigkeit betrinken.

Die individuelle Begleitung des Kindes durch die wichtigsten Bezugspersonen während der ersten drei

Lebensjahre hat eine *prägende Bedeutung* für sein weiteres Leben. Optimale Begleiter sind zweifellos Mutter und Vater, denn kein anderer kann das Kind so tief lieben und so verantwortungsvoll auf seine Zukunft vorbereiten wie seine Eltern. Fehlt der Vater, kann dessen Rolle auch der Großvater oder die Großmutter übernehmen (unter Umständen natürlich auch eine Tagesmutter, die im Prinzip ja beide Eltern, also auch den väterlichen Teil zu vertreten hat). Es sollte auf jeden Fall eine kontinuierliche Bezugsperson sein, die sich mit der Mutter gut abstimmt. Umgekehrt muss natürlich auch ein alleinerziehender Vater dafür sorgen, dass das Kind auch die Mütterlichkeit erfährt (zum Beispiel durch Oma, Tante etc.). Dies ist von großer Wichtigkeit, weil sich in dieser Zeit die Gehirnfunktionen ausformen. Im Stammhirn ist das neurophysiologische und neurobiochemische Fundament des Denkens und der Menschlichkeit schlechthin angesiedelt. Es ist (von der Evolution her) der älteste Teil des Gehirns, mit dem das Kind auf die Welt kommt. Hier sind die sinnliche Wahrnehmung, der damit verbundene Hormonhaushalt und die Gefühle sowie die Anlage zur Empathiefähigkeit verankert. Was hier verwurzelt ist, das wächst, blüht und trägt das ganze Leben lang Früchte. Auf der Basis des Vertrauens zu den Eltern kann das Kind sein Selbstvertrauen aufbauen, sich später auch anderen Menschen anvertrauen und wiederum sein Vertrauen anderen schen-

Fehler müssen sein oder Vom Sinn der Fehler

ken. Gelingt dem Kind eine sichere Bindung zu seiner Mutter und zu seinem Vater, so kann es sich allmählich von ihnen loslösen und seine gesunde Bindungsbereitschaft auf Freunde übertragen. Hat das Kind gelernt, nicht vor Streit und Konflikten zu flüchten, sondern diese vielmehr auszutragen, so kann es diese wichtige soziale Kompetenz auch später auf die eigene Partnerschaft und die Erziehung eigener Kinder übertragen. Von der »Düngung« des emotionalen Nährbodens im Kleinkindalter hängt die gesamte spätere Persönlichkeitsentwicklung zur Menschlichkeit ab.

Die Bedeutung der Begleitung des Kindes durch seine Eltern ist also eindeutig. Mit ihnen fühlt es sich biologisch sicher gebunden und geborgen. Unter diesem Urvertrauen lässt es sich von ihnen gerne beeinflussen, trösten, ermutigen und von ihrer Begeisterung anstecken. Von seinen Eltern wird es in das Schöpfungsgesetz der Polarität eingebunden: Unter ihrem Schutz erlebt es emotional und auch kognitiv die Grenzen zwischen dem »Ja« und dem »Nein«, zwischen der Freude und der Wut, zwischen dem Ich und dem Du. Hier lernt es die sprachliche Kommunikation und errichtet erste Bausteine für den eigenen Willen und die eigene Identität. Es genießt die Freiheit bei der Entwicklung seiner Neugierde, denn es darf Fehler riskieren, weil es sich auf die vorbehaltlose Liebe seiner Eltern verlassen kann. Diese Liebe gilt auch dann, wenn das Kind bewusst gegen Regeln verstoßen und dadurch eigentlich einen großen Fehler begangen hat. Es passiert ihm immer wieder, besonders während der Trotzphase, dass es in ein affektives Chaos gerät, wenn ihm die Grenze zwischen seinem Wollen und seinem tatsächlichen Können unerträglich erscheint. Hierbei ist es ihm nicht nützlich, ja sogar eher schädlich, wenn die ihm wichtigsten Menschen einfach wegschauen, so als wäre nichts passiert, oder ihm einen »Klaps« geben, es anschreien oder mit einer sogenannten Auszeit strafen. Vielmehr tut es dem Kind gut, in den Armen seiner Eltern zu »landen«, denn hier hat es die Chance, sein Unbehagen auszudrücken, seine Wut auszuschreien und seine Trauer auszuweinen, wie auch die Gefühle des Gegenübers wahrzunehmen, die Kraft seines Widerstandes zu spüren und die Liebe zu genießen. Hier kann es neue Kraft für seine weiteren Entdeckungsreisen schöpfen.

Diese individuelle Begleitung setzt neben Einfühlung, Konsequenz und einer funktionierenden Zusammenarbeit der Betreuungspersonen auch sehr viel gemeinsame Zeit voraus. Zeit zum Schmusen, Spielen, Beobachten, Zeit für Loben und Staunen, Zeit zum Vorbildgeben, Zeit zum Trösten, Zeit zum Abfangen eines Trotzausbruchs, Zeit den wütenden Sturm in Liebe zu verwandeln, Zeit zum sprachlichen Kommentieren von gemeinsamen Erlebnissen. Letzteres liste ich deshalb erst ganz zum Schluss auf, um eine wichtige Bemerkung hinzuzufügen: Eine der Hauptursachen der dramatischen Rückbildung des Sprachvermögens bei deutschen Kindern und Jugendlichen ist die äußerst eingeschränkte Kommunikation mit ihren Eltern. Der massive Fernsehkonsum ist erst die Folge davon. Die gemeinsame Zeit dem Kind zu verweigern, ist wirklich ein schwerer Fehler! Erinnern wir uns an die drei wichtigen »Z«, die Johann Heinrich Pestalozzi als Faustregel für die Erziehung verwendete: Zeit, Zärtlichkeit und Zuwendung. Aus dem mütterlichen Gefühl einer Frau heraus würde ich lieber gleich Liebe sagen. Dennoch bleibe ich hier Pestalozzi treu, denn der Begriff Liebe beinhaltet noch nicht, dass man dem Geliebten auch viel Zeit widmet. Lieben kann man ja auch aus der Ferne. Das Wort Zuwendung drückt den Zeitaufwand klar aus: Man wendet sich zu.

Was aber ist zu tun, wenn die Mutter/der Vater alleinerziehend oder aus anderen Gründen voll berufstätig ist und sich den Luxus nicht erlauben kann, mit dem Kind zu Hause zu bleiben?

EMPFEHLUNGEN FÜR ALLEIN-
ERZIEHENDE, DIE IHR KIND NICHT
VOLL BEGLEITEN KÖNNEN

Ein ganz grober Fehler wäre es, sich mit endlosen Schuldgefühlen zu plagen. Ich weiß von Müttern oder auch Vätern, die ihre, wie sie es empfinden, »Schuld« durch eine maßlose Verwöhnung des Kindes ausgleichen wollen. Die Folgen sind kleine tyrannische Kinder. Es gibt auch Mütter, die die Wut auf sich selbst auf ihr Kind übertragen. Manche Mütter sind übernervös und stecken ihr Kind damit an. Meine Empfehlung an diese alleinerziehenden Mütter und Väter lautet: Stehen Sie vollkommen zu Ihrer Situation. Sie sind selbst gefordert, sich diesem Stolperstein zu stellen, um die beste Lösung für sich und Ihr Kind zu finden und sich daran gemeinsam mit ihm zu erfreuen. Kümmern Sie sich besonders um eine möglichst individuelle Betreuung Ihres Kindes, während Sie arbeiten gehen. Dazu gibt es viele Möglichkeiten:

- ◆ Vielleicht wäre Ihre Mutter oder Schwiegermutter bereit, Sie zu vertreten.

- ◆ Es gibt auch ältere kinderlose, aber kinderliebe Frauen, die Ihrem Kind gerne Gesellschaft leisten würden.

- ◆ Auch könnten Sie sich möglicherweise mit einigen jungen Müttern zur Gründung eines »Selbsthilfe-Pflegenestes« zusammentun. Die Mütter gehen abwechselnd arbeiten und eine von ihnen betreut jeweils die Kinder wie in einer Mini-Krippe. Auch in früheren Generationen mussten Mütter beispielsweise auf dem Feld arbeiten und die Kinder wurden von der Großfamilie betreut. Bilden Sie also eine solche »Großfamilie« aus Ihren Freundinnen. Wir leben sowieso in einer Zeit, in der es mehr »Wahlverwandtschaften« als »Blutsverwandtschaften« gibt.

◆ Sie können sich auch eine optimal gestaltete Krippe suchen, in der wenige Kinder von immer denselben, gut ausgebildeten Erzieherinnen betreut werden. Es sollten dabei etwa drei Kinder auf eine Erzieherin kommen.

Genießen Sie die gemeinsame Zeit mit Ihrem Kind, wenn Sie von der Arbeit kommen. Vieles andere, wie Putzen oder Einkaufen, ist zweitrangig, denn daran kann das Kleinkind nicht gemeinsam mit Ihnen teilhaben.

Besonders wichtig ist:
Gehen Sie diesen Weg mit bestem Gewissen! Ich bin überzeugt, dass sich Kinder unter diesen Notumständen besser entwickeln können als bei einer überperfektionistischen Mutter, die ihnen keine Freiräume zur eigenen Erkundung lässt und sie nötigt, ihre ehrgeizigen Wünsche zu erfüllen. Die Energie

Fehler müssen sein oder Vom Sinn der Fehler

dieser Kinder wird bei musikalischer Früherziehung und Fremdsprachen-Programmen verpulvert. Sagen Sie sich ruhig mehrere Male am Tag: »Ich bin eine gute Mutter, auch wenn ich Fehler mache. Eben deshalb bin ich gut. Ich gebe nämlich meinem Kind das Vorbild, wie man mit Fehlern umgehen kann.«

Zur Aufmunterung ein kleines Beispiel:

Die Geschwister Ula und Achim waren nur 17 Monate auseinander. Ula war die ältere und galt als schwarzes Schäfchen der Familie. Sie war ungeschickt, weil sie sich überschätzte und manchmal auch weil sie so ihren Protest ausdrücken wollte. Ihr Bruder Achim dagegen war ein Engel: sanft, lieb, ordentlich, hilfsbereit, höflich und folgsam, machte nie Fehler. Weil die Mutter als Ärztin arbeiten wollte und musste, wurden die Kinder von der Großmutter betreut. Eltern und Großmutter himmelten den kleinen Achim regelrecht an. Das süße Bürschlein, nie bereitete es Ärger und Probleme. Und so sorgten die Erwachsenen dafür, dass dem Kleinen alle möglichen Stolpersteine aus dem Weg geräumt wurden. Irgendwie schien es klar zu sein: Ula würde in ihrer Zukunft sicherlich scheitern, Achim dagegen sich durchsetzen. Nach vielen Jahren bin ich den beiden wieder begegnet. Und siehe da! Achim war derjenige, der Probleme hatte. Nicht geübt, den mühseligen Weg über Stolpersteine zu gehen, brach er beispielsweise zusammen, sobald er von einer Frau zurückgewiesen wurde. Weil er es nicht gelernt hatte, sich Schwierigkeiten und Konfrontationen zu stellen, wurde er alsbald auch von seinen Arbeitskollegen gemobbt und litt unter Depressionen. Ula dagegen, die schon als Kind so viele Stolpersteine zu bewältigen hatte und daran ihre eigene Kraft entfalten musste, hatte ein tragfähiges Selbstwertgefühl entwickelt. Sie setzt sich in ihrem Beruf als Sozialpädagogin tapfer durch. In ihrer Familie wie auch im Verwandten- und Bekanntenkreis gilt sie heute als eine weise, gerechte Frau, die manche Spannung gut schlichten kann.

Die Eltern geben das Vorbild

Bedenkt man, mit welcher Vehemenz jedes Kind seine Eltern nachahmt, erscheint das erzieherische Konzept sehr einfach. Eigentlich würde es ausreichen, das Kind mit der Freude an seiner Nachahmung zu bestätigen. »Welche Freude habe ich an dir, Junge, wenn du mir hilfst, die schweren Einkaufstaschen zu tragen. Du machst es genauso wie dein Papa.« Man müsste lediglich an sich selbst prüfen, ob das Vorbild wirklich ein nachahmungswürdiges Verhalten bietet. Was lebe ich eigentlich dem Kind vor? Was leben wir ihm in unserer Kommunikation miteinander vor? Stelle ich irgendwelche Fehler in meinem Verhalten fest, müsste ich die – womöglich schnell – ändern, selbst wenn es sich um eine so leicht zu unterschätzende Kleinigkeit wie zum Beispiel das Bohren in der Nase handelt. Pater Josef Kentenich, der Gründer der Schönstatt-Bewegung, einer Erneuerungsbewegung innerhalb der katholischen Kirche, und ein großer Pädagoge, kreierte hierzu den Begriff des »erzogenen Erziehers«.

Die Eltern geben das Vorbild

Für seinen Umgang mit Stolpersteinen muss sich das Kind am Vorbild der Eltern orientieren können. Es leuchtet ein, dass Eltern, die der Angst vor Fehlern erliegen und demzufolge alle Fehler zu vermeiden suchen, keine guten Eltern sein können. Ist es nicht ein Grund zur Freude und eine Bestätigung für alle Eltern, die immer wieder an Stolpersteine stoßen? Ja, Sie sind geeignet!

Natürlich kann das Vorbild nicht nur auf die pure Demonstration der Fehler ausgerichtet sein. Es geht ja vielmehr um den Sinn der Fehler. Das sinnvolle Vorbild besteht also aus mehreren Teilen:

◆ Der Vater teilt dem Kind und der ganzen Familie seinen Fehler mit: »Ich habe heute verschlafen und habe es deshalb nicht geschafft, in die Bäckerei zu gehen. Mein Fehler.«

◆ Er erklärt die Folgen seines Fehlers: »Nun habt ihr zum Frühstück weder Brot noch frische Brötchen. Jetzt müssen wir uns alle mit dem Knäckebrot zufrieden geben.«

◆ Er macht es wieder gut: »Es tut mir wirklich leid. Dafür teile ich mit euch einen besonderen Käse, den ich vor ein paar Tagen von meinem Freund aus der Schweiz geschenkt bekommen habe, und auf den ich mich schon die ganze Zeit wirklich freue.«

◆ Er teilt mit, dass er sich trotz seines Fehlers weiterhin lieben kann: »So ist es wieder gut. Jetzt kann ich mit mir wieder zufrieden sein.«

Ein anderes Beispiel:

◆ Aus momentaner Wut, weil ihre kleine Tochter sie mit »blöde Kuh« angeschrien hat, verpasst die Mutter der Tochter eine impulsive Ohrfeige. Voller Entsetzen möchte das Mädchen davonlaufen. Die Mutter hält es auf, dreht es zu sich, nimmt sanft sein Gesicht in ihre Hände und sagt ernst: »Mit der Ohrfeige habe ich etwas falsch gemacht. Es tut mir leid. Ich will nicht, dass du lernst, zu schlagen. Jetzt zeige ich dir, wie man Wut richtig ausdrückt. So wie ich es dir jetzt von Gesicht zu Gesicht sage, dass ich nämlich eine riesengroße Wut auf dich habe, wenn du so ein freches Schimpfwort zu mir sagst. Aber du hast die Frechheit auch aus Wut begangen. Mache es also so wie ich, schaue mich an und sage mir: ›Mutter, ich habe eine Wut auf dich!‹ Und sage mir auch warum. Weil ich dir nicht erlaubt habe, den Fernseher einzuschalten? Auf das Fernsehverbot bestehe ich. Aber die Wut darfst du in meinem Arm ausschreien. So lange, bis wir uns wieder lieb haben. Bis ich mich wieder lieben kann. Und du dich auch.«

Oft erkennt man einen Fehler erst nach vielen Jahren. Unlängst waren langjährige Eheleute bei mir, Gerd und Maria, die über eine Trennung nachdachten. Sie hatten sich auseinandergelebt. Ihre zwei erwachsenen Kinder waren zwar schon aus dem Elternhaus ausge-

Die Eltern geben das Vorbild

zogen und hatten sich losgelöst, aber eben nur scheinbar. Innerlich konnten sie der Loslösung nicht ganz zustimmen. Durch die geplante Trennung ging nun jedoch das Elternhaus verloren. Welch ein Elternhaus ohne Eltern! Ich brachte Gerd und Maria zur Konfrontation. Sie lagen dabei seitlich auf einer Matte, von Antlitz zu Antlitz. Zunächst weckte ich ihre Erinnerungen an die früheren schönen Zeiten, in denen sie noch auf einer erstaunlich gleichen Wellenlänge verbunden waren. Auch dann noch, als das erste Verliebtsein vorbei war, denn dann kamen die vielen Freuden am gemeinsamen Elternsein. Zu dieser Zeit schlichen sich aber auch die ersten Spannungen ein. Irgendwie verwandelte sich die sanfte Maria zur strengen Erzieherin, erzählte Gerd, und Maria befürchtete wiederum, dass Gerd sie mit einer anderen Frau betrügen würde. Sie sprachen nur noch das Notwendigste miteinander. Erst unter meiner therapeutischen Moderation bekam jeder von den beiden die Chance zu sagen, womit ihn der andere verletzt hat: Maria habe ihn immer häufiger kritisiert und er fühlte sich durch ihre Vorwürfe abgewertet, erzählte Gerd. So zog er sich zurück. Maria dagegen verteidigte sich, sie habe es ja gut gemeint. Es sei doch richtig, dass jeder sage, was ihn störe. So habe sie es schließlich in einem Volkshochschul-Kurs gelernt.

»Und haben Sie ihm auch gesagt, was sie sonst an ihm schätzen?«, frage ich.

Die Eltern geben das Vorbild

»Dazu kam ich nie. Ich hielt es für richtig, Störungen Vorrang zu geben. Gerd hat aber nie Stellung zu meinen Vorwürfen bezogen und wich einfach aus, indem er sich an seinen Computer setzte. Ich dachte, dass es auch für mich das Richtige sei, alleine mit mir zu sein, um mich innerlich zu ordnen ...«

»Irrtum, liebe Maria. Beide haben Sie denselben Fehler gemacht, nämlich sich zurückgezogen, bevor der Konflikt ausgetragen werden konnte. Das Wichtigste haben Sie damit ausgeklammert: die Liebe. Einander mit dem Guten entgegenzukommen, um das Verhältnis zum Bösen auszugleichen. Welcher Stolperstein stand Ihnen denn im Weg? Vielleicht der eigene Stolz? Holen Sie das nun nach! Sagen Sie sich im gegenseitigen Einvernehmen, was Sie aneinander schätzen.«

So einfach war die Wiedergutmachung. Die beiden haben sich ihre Fehler vergeben. Eine ähnliche Bedeutung hat auch die Beichte: die Bewusstmachung durch Schuldbekenntnis, Reue, Vergebung und Freiheit.

Im Anschluss kamen die Kinder der beiden dazu. Zum ersten Mal nach vielen Jahren sahen nun die Kinder von Gerd und Maria, wie sich ihre Eltern umarmten. Die auf beiden Seiten jahrelang angestaute Liebe floss wieder zusammen. Eine unbeschreiblich große Freude, die ohne den stolprigen Weg davor nicht so groß gewesen wäre. Die Aufklärung über das

Die Eltern geben das Vorbild

Geschehene wurde für die beiden Kinder die beste Belehrung für die Gründung eigener Familien.

Dem versöhnten Ehepaar gab ich schließlich noch eine wichtige Empfehlung mit auf den Weg. Auf keinen Fall sollten sie in den vergangenen Fehlern »bohren«. Im weisen Volksmund heißt es nicht umsonst: »Je mehr man im Dreck wühlt, umso mehr stinkt es.« Wer nur zurückschaut, dem kann es passieren, dass seine Sicht nach vorne erblindet. Das endlose Jammern im Sinne von »Hätte ich doch nur ...« dreht sich im Kreise eines ausweglosen Labyrinths. Die Tschechen pflegen zu sagen: »Wenn das Wasser zum Bier werden würde, bräuchten wir keine Brauereien.« Lösungen sind nicht in der Vergangenheit auffindbar, sondern rein in der Gegenwart und in der Zukunft. Zu einem solchen Denken gehört auf keinen Fall ein depressives Mitleid und eine gegen sich gerichtete Aggression, sondern die Bereitschaft, sich eigene Fehler zu verzeihen, sowie die Hoffnung und Liebe zu sich selbst, wie natürlich auch die Liebe zu seinen Nächsten. So riet ich dem Ehepaar also, die erneuerte Liebe ohne Wenn und Aber zu genießen, sich gegenseitig neu zu entdecken und miteinander Zukunftspläne zu schmieden.

Mit derselben Toleranz, wie der Mensch bereit sein sollte, sich eigene Fehler zu verzeihen, sollte er auch die Fehler des Nächsten betrachten. Dabei eröffnet sich ihm eine besondere Chance, nicht nur an den ei-

Die Eltern geben das Vorbild

genen Fehlern, sondern auch an denen der anderen zu wachsen. Dazu zitiere ich Eleanor Roosevelt, Menschenrechtsaktivistin, Diplomatin und Ehefrau des US-Präsidenten Franklin D. Roosevelt: »Lerne aus den Fehlern der anderen, denn du kannst nicht lange genug leben, um sie alle selbst zu machen.«

VORBILDER ÜBER DAS ELTERNHAUS HINAUS

Glücklicherweise gibt es jede Menge Vorbilder auch außerhalb des Elternhauses. Das ist für die Entwicklung der Persönlichkeit und für die Integration in die Gesellschaft unabdingbar. Damit der junge Mensch sein eigenes Ich ausbilden kann, muss er nicht nur seine Eltern, sondern weitere nachahmungswürdige Menschen kennenlernen: Altersgenossen, Lehrer, Trainer, historische, biblische und literarische Gestalten. Er soll natürlich nicht zu einem »Abklatsch« eines anderen Menschen werden, aber er benötigt eine Vielfalt von Mustern, aus denen er allmählich seine eigene Persönlichkeit entwickeln kann. Von jedem etwas: von den Urgroßeltern das tapfere Durchstehen der harten Nachkriegsjahre. Von der Mutter ihre Aufopferungsbereitschaft. Vom Vater seine Geradlinigkeit. Vom älteren Bruder die Begeisterung für das gemeinsame Musizieren. Von Franziskus von Assisi sein Reden mit Vögeln. Von den drei Musketieren ihre gegenseitige Treue. Von Loriot seinen Sinn für Humor. Von allen hierfür infrage kommenden Persönlichkeiten möchte ich an dieser Stelle einen beispielhaft herausnehmen, nämlich Oliver Kahn, der über viele Jahre hinweg als der beste Torwart der Welt galt. Nachdem er seine aktive Fußballer-Karriere beendet hat, reist er nun mit seinen Vorträgen »Ich schaff's« durch Schulen und motiviert zum Durchhalten trotz Fehlern und Misserfolgen. Er erzählt, wie er aus der Schülermannschaft entlassen wurde, weil er zu schwach und zu klein war, und er spricht davon, wie kaum jemand – außer er selbst – daran glaubte, dass er einmal ein Fußball-Profi werden würde. Ich zitiere dafür aus der *Schwäbischen Zeitung* (24.03.09). Schon der Titel »Scheitern ist viel besser, als nie anzufangen« ist eine tiefe Lebensweisheit an sich. »Es lässt sich nichts erreichen im Leben, wenn man nicht vorher durch die tiefen Täler der Niederlage gegangen ist. Jede schwierige Situation hat ihren Sinn. Wenn du es wegsteckst, macht es dich stärker.« Er nennt Tugenden, die nie aus der Mode kommen sollten, weil sie kostbare Werte repräsentieren, aus denen Visionen zu Wirklichkeiten werden können: positive Zielsetzung, Ausdauer, Hartnäckigkeit und Selbstdisziplin. Und er verweist in dem Interview auf ein anderes Vorbild, den Erfinder Thomas Alva Edison, der hundert Mal scheiterte, bis er beim hundertundersten Mal die Glühbirne erfand.

Um abschließend den Bogen zum Beginn dieses Kapitels zurückzuschlagen, bietet sich eine wunderbare Stelle aus der Osterliturgie an, denn der mystische Sinn von Ostern steckt bekanntlich nicht im Leiden des Kreuzweges allein, sondern liegt vorwiegend in der Freude an der Auferstehung:

»Oh glückliche Schuld, die so einen Erlöser gebracht hat. Wahrhaft heilbringende Sünde des Adam. Du wurdest uns zum Segen, da Christi Tod dich vernichtet hat. Oh glückliche Schuld, welch' großen Erlöser hast du gefunden!«

UNNÖTIGE KOMMUNIKATIONS-FEHLER

Fehler geschehen zwangsläufig. Und das ist gut so. Man braucht jedoch keine unnötigen zu begehen. Solche entstehen beispielsweise bei einer sonst gut gemeinten Kommunikation. Dieses Kapitel bietet eine Anleitung, wie es richtig laufen kann. Die Denkanregungen dazu habe ich dankbar und in Bewunderung des psychologischen Durchblicks von Thomas Gordon (Autor des Buches *Familienkonferenz*) übernom-

Die Eltern geben das Vorbild

men. In Übereinstimmung mit ihm freue ich mich über die Liebe und die wachsende Bereitschaft der Eltern, die mit ihren Kindern ein Leben lang im freundschaftlichen Gespräch bleiben wollen. Zugleich ist es aber zutiefst enttäuschend festzustellen, dass die Freude an der Kommunikation auf beiden Seiten alsbald schwindet und problematisch wird, oft sogar schon im Vorschulalter. Ganz unabhängig von zusätzlichen Komplikationen wie Problemen mit den Geschwistern oder beispielsweise der Scheidung der Eltern.

Zum einen wirkt hier der gut gemeinte Vorsatz der Eltern, das Kind vor dem Bösen zu warnen, es bei jeder passenden Gelegenheit eines Besseren zu belehren und vom Kopf her über das erwünschte Verhalten aufzuklären. Manchmal nimmt das kopflastige Einreden auf das Kind kein Ende. Das Kind versucht dem zu entkommen und seine Bereitschaft, sich mit seinem Problem den Eltern anzuvertrauen, sinkt. Dahinter steckt, dass es von Herzen her verstanden werden und so angenommen werden möchte, wie es ist. Also auch mit seinen Zweifeln, seinen Irrtümern und seinen begangenen Fehlern. Fühlt es sich nicht verstanden, so reagiert es je nach Persönlichkeit und Situation mit einer kurzschlussartigen Aggression wie zum Beispiel Aufstampfen, Faustschlägen, bösen Worten oder mit Verstummen, also einer Kontaktsperre, vergleichbar mit einem Sperren in der Kommunikation eines erwachsenen Paares.

49

Gordon hat einige solch ungünstige Botschaften der Eltern als Antwort auf eine Mitteilung des Kindes aufgelistet.

Unternehmen wir nun damit zusammen einen Test!

Die Aufgabe heißt: Stellen Sie sich vor, Sie sind ein Kind und teilen Ihrer Mutter mit: »Peter hat mir gesagt, dass ich blöd bin.«

Darauf folgt die Botschaft der Mutter. Im Folgenden sind einige Beispiele für ihre Reaktionen dargestellt.

Wie würden Sie sich infolge der jeweiligen Botschaft der Mutter fühlen? In Klammern stehen einige mögliche Reaktionen des Kindes.

- **Reaktion der Mutter: Befehlend, bestimmend**
  → *»Das darfst du dir nicht gefallen lassen. Du musst dich wehren.«*
  (Angst, die Selbstabwehr nicht zu schaffen. Die Mutter fragt nicht einmal, ob Peter nicht stärker ist. Wut.)

- **Reaktion der Mutter: Mahnend, warnend, drohend**
  → *»Schon wieder jammerst du!«*
  (Ich hätte lieber gar nichts sagen sollen. Ich habe Angst, mit meinen Problemen allein gelassen zu sein.)

- **Reaktion der Mutter: Moralisierend, predigend, an die Pflicht erinnernd**

  → »*Du sollst es nicht so ernst nehmen. Oder vielleicht bist du ja sogar selber schuld. Du solltest dich nicht so blöd anstellen.*«

  (Schon wieder bin ich der Schuldige. Verflixt noch mal! Trauer, im Stich gelassen zu werden. Wut. Rache.)

- **Reaktion der Mutter: Ratschläge erteilend, Vorschläge machend, Lösungen gebend**

  → »*Bitte doch deine Klassenlehrerin um eine Konfrontation mit Peter.*«

  (Da habe ich mir etwas eingebrockt. Soll ich Peter bei der Lehrerin verpetzen? Dann bekommt er noch größere Wut auf mich. Nächstes Mal sage ich der Mutter lieber gar nichts.)

- **Reaktion der Mutter: Mit Logik überzeugend, belehrend, argumentierend**

  → »*Peter vergreift sich in der Wortwahl. Das wissen wir ja, dass er keine gute Erziehung zu Hause hat. Dulde aber seine primitiven Ausdrücke nicht. Warum forderst du ihn nicht auf, anständigere Worte zu benutzen?*«

  (Unvorstellbar. Das traue ich mir gar nicht zu. Peter wäre noch böser. Bin ich also ein Feigling, der sich klein machen lässt?)

Die Eltern geben das Vorbild

- **Reaktion der Mutter: Urteilend, kritisierend, beschuldigend**

  → »*Warum wehrst du dich nicht? Warum lässt du dir das gefallen? Was stellst du dich so an?*«

  (Die Mutter macht mich noch schwächer, als ich bin. Furcht. Wer bin ich eigentlich? Hass gegen mich selbst, gegen den viel stärkeren Peter, gegen die Mutter.)

- **Reaktion der Mutter: Lobend, zustimmend**

  → »*Es ist toll, dass du ihn ignoriert hast.*«

  (Ich fühle mich veräppelt. Die Mutter fragt nicht einmal, wie Peter auf mein Ignorieren reagiert, nämlich dass er dadurch noch gereizter wird. Blöd von ihr.)

- **Reaktion der Mutter: Beschimpfend, lächerlich machend**

  → »*Es gibt doch viel Schlimmeres, du Mimose! Wie die Prinzessin auf der Erbse bist du.*«

  (Wut. Entsetzen. Nie wieder erzähle ich dir etwas von meinen Enttäuschungen.)

- **Reaktion der Mutter: Analysierend, diagnostizierend, interpretierend**

  → »*So geht es einem Jungen, wenn er versucht, seine körperliche Aggression zu beherrschen. Hier sind ausgeschüttete Hormone im Spiel. Besonders betroffen sind davon die Jungen, so habe ich es jedenfalls gelesen.*

Peter hatte sich noch insoweit im Griff, als er sich nur mit einem Schimpfwort abreagierte.«

(Blablabla. Meine Mutter hat ja wohl gar keine Ahnung. Ich schalte ab.)

◆ **Reaktion der Mutter: Beruhigend, tröstend, Mitleid zeigend**

→ *»Ach, nimm es nicht so tragisch, mein Schatz. Ich weiß, wie schwer es für dich ist, solch' blöde Mitschüler zu haben. Aber deine Mutter hält zu dir.«*

(Meine Mutter nimmt mich nicht ernst. Als wäre ich ein Baby. Jetzt würde nur noch fehlen, dass sie mich in den Arm nimmt und tröstet. Wut. Wunsch nach Distanz.)

◆ **Reaktion der Mutter: Auf den Grund gehend, verhörend, ausfragend**

→ *»Ich möchte wissen, warum dir Peter böse ist. Was hast du ihm angetan? Sag es mir!«*

(Warum habe ich überhaupt den Mund aufgemacht? Jetzt tut sie so, als sei ich der Schuldige. Nie wieder vertraue ich ihr etwas an.)

◆ **Reaktion der Mutter: Ablenkend, aufheiternd, zurückziehend**

→ *»Mein Schatz, ärgere dich nicht. Es gibt viel Schöneres auf der Welt. Mach dir einen schönen Film an und dann gehen wir in die Eisdiele.«*

(Sie will von meinen Problemen nichts wissen. Wozu habe ich sie eigentlich? Zum Schmusen und zur Unterhaltung? Okay. Dann muss ich da also alleine durch.)

Erkennen Sie sich selbst in einer Reaktion der Mutter? Kommt Ihnen die Auswirkung auf die Gefühle des Kindes bekannt vor?

Der gemeinsame Fehler all dieser erzieherischen Reaktionen ist die vom Verstand her geleitete *DU-Botschaft*. Von oben herab. Diese einseitige Art führt zum Abbruch der Kommunikationsbereitschaft.

Der Schaden, der dabei entsteht, weitet sich mit der Kraft einer Epidemie aus und bleibt manchmal gar das ganze Leben lang. Aus den sich immer wiederholenden Reaktionen der Eltern speichert das Kind ein bestimmtes Bild ab. Fachlich spricht man auch von *Introjektion*. Eine fremde Anschauung wird allmählich übernommen, bis man schließlich meint, sie sei die eigene. Im Buch *Kinder sind Gäste, die nach dem Weg fragen* sprachen meine Mitautorin Christel Schweizer und ich hierbei von »Abziehbildern«. Unter dem erzieherischen Einfluss klebt man dem Kind sozusagen ein Abziehbild auf, sodass es sein eigenes Ich gar nicht erkennen kann. Manchmal bleibt dieses Bild bis ins hohe Alter kleben: »Ich bin nichts wert.« »Ich bin ein Angsthase.« »Ich reagiere immer mimosenhaft.« »Niemand versteht mich.« »Ich ziehe mich lieber rechtzeitig zurück, anstelle zu kämpfen.« »Wenn ich Probleme habe, lassen mich die Leute im Stich.«

Dazu möchte ich noch einmal Thomas Gordon zitieren: »Weil eine in der Jugend gebildete schlechte Meinung von sich selbst die Neigung hat, bis ins Erwachsenenalter fortzubestehen, legen herabsetzende Botschaften den Samen, um einen Menschen sein ganzes Leben lang hindurch zu behindern. Auf diese Weise tragen Eltern Tag für Tag zur Zerstörung des Egos oder der Selbstachtung ihrer Kinder bei. Wie Wassertropfen, die auf einen Stein fallen, hinterlassen diese täglichen Botschaften auf Kinder allmählich, unmerklich einen destruktiven Effekt.«

Was das Kind dagegen braucht, ist eine herzhafte Begegnung mit der Mutter unter Blickkontakt, bei der sie ihm aktiv zuhört, sich in seine emotionale und auch gedankliche Lage einfühlt und ihm hilft, sich auch in den Freund einzufühlen. So kann das Kind eine Lösung für den Konflikt finden. Etwa so:

»Ich kann mir vorstellen, wie du dich fühlst, dass du verletzt und auch wütend bist. Weißt du eigentlich, warum Peter so böse zu dir war? Sicherlich findest du eine passende Gelegenheit, um den Ärger mit ihm zu klären. Und wenn du nicht weißt, wie man ein solches Gespräch führt oder wie du Peter anders für dich gewinnen kannst, so kannst du mich oder Papa fragen. Wir helfen dir gerne.«

Was will das Kind mehr? So verstanden werden, mit Blick auf die Lösung seines Problems und in zuversichtlicher Hoffnung, eine gute Hilfe zu bekommen, wenn es diese möchte. Dann findet es schon selbst seinen Weg.

Ein älterer Herr, früher Arzt, erzählte mir einmal von seiner Kindheit. Für Gespräche mit den sieben Kindern hatten seine ziemlich armen und hart arbeitenden Eltern nicht viel Zeit. Die wichtigste Botschaft, die ihn aber seit klein auf und bis heute trägt und in ihm die Tatkraft zum Helfen anstiftet, war ihr Satz: »Wenn wir dich nicht hätten! Du bist unsere große Hilfe.« Trotz seiner 85 Jahre hilft er heute immer noch im Altenheim aus, in dem er wohnt.

EIN DICKER STOLPERSTEIN:

DISZIPLIN

Ein aktuelles und brandheißes Thema, als würde dieser Stolperstein aus einem Vulkan gespuckt: Schon
beim Wort »Disziplin« sehen ja viele Menschen rot,
noch bevor man überhaupt mit bloßem Verstand
nachdenken kann, was eigentlich dahinter steckt. In
einen solchen Verruf geriet der Begriff in der Zeit der
1968er-Jahre. Mit einer emotionalen Wucht von der
Stärke eines Orkans bäumte sich die 68-Revolte gegen
den sturen, autoritären Lebensstil in den Industrielän-
dern der demokratischen Welt auf. (In diktatorischen
Regimen wie in der damaligen Sowjetunion und den
Staaten des Warschauer Paktes wäre diese Revolte
undenkbar gewesen.) Eine frische, junge, an den star-
ren moralischen Strukturen rüttelnde Bewegung war
es. Und sie war wichtig so, denn unter der vorherr-
schenden autoritären Erziehung fühlten sich viele
Menschen unterdrückt, unfrei und manipuliert. Aber
die 68er drehten das Alte radikal und einseitig um: die
Befreiung des Ich von jedem autoritärem Zwang; ein

Riss zwischen den Generationen; mitmachen nur nach dem Lustprinzip. Und so wie immer, wenn man unter aufgewühlten Emotionen von einem Extrem in das andere rutscht, ohne an die Folgen zu denken, schütteten sie das Kind mit dem Bade aus. Dieser junge, frische Wirbelsturm erinnert an die Pubertät, die trotz aller Schwierigkeiten auch einen Gewinn für die eigene Identität darstellt.

Hätte in der damaligen Zeit und in den folgenden Jahren jemand die Ansicht verteidigt, dass Kinder Grenzen brauchen, so wäre er als ein Rückständiger verschrien worden. Und so stapfte ich 1989 mit meinem Buch *Der kleine Tyrann* in ein Wespennest. Ich deckte darin auf, wie ein Kind weder Geborgenheit noch Orientierung bei Eltern finden kann, die sich stets seinen Wünschen anpassen, und wie ihm schließlich nichts anderes übrig bleibt, als die Beherrschung seiner Eltern zu seiner größten Sicherheit zu machen. Das Buch wurde in einer Woche zum Bestseller, und ich staunte über die extrem polarisierte Leserschaft. Die einen waren tief entsetzt und kritisierten mich als *schwarze Pädagogin*. Die anderen freuten sich sehr, dass endlich jemand den Nagel auf den Knopf getroffen hatte. In dieser Zeit nämlich zeigten sich bereits die Folgen der antiautoritären Erziehung in vermehrter Weise: Immer mehr Kinder und Jugendliche scheiterten trotz ihrer hervorragenden Intelligenz an ihrer Unfähigkeit, sich zu inte-

grieren. Nicht selten gab es Kinder, die ihre Eltern
schlugen. Es gab aggressive bis hin zu ängstlich zu-
rückgezogene Kinder; fettleibige Kinder und solche
mit Aufmerksamkeitsdefiziten, die man mit Psycho-
pharmaka behandelte – und diese Entwicklung setzt
sich heute weiter fort: das herabsinkende Niveau der
Allgemeinbildung, Jugendliche, die sich selbst nicht
realisieren und deshalb nicht lieben können, eine stei-
gende Zahl an Drogensüchtigen, Komasaufen, bei
Mädchen sogar noch häufiger als bei Jungen. Aus-
einanderbrechende Ehen, sobald die Lust vorbei ist.
Ausgebrannte Lehrer. Sobald die in den 1970ern und
1980ern antiautoritär erzogenen Kinder selbst zu
Eltern wurden, nahmen Unverbindlichkeit und Un-
zuverlässigkeit noch zu. Kinder werden vernachlässigt, inmitten des reichen Deutschlands verhungern
sie sogar. Die Ursachen der wachsenden Not werden
allmählich von den praktizierenden Pädagogen erkannt, seltener jedoch von den Wissenschaftlern.
Lehrer und Erzieher hingegen erfahren beispielsweise
tagtäglich, dass Gruppenunterricht nur mit gruppen-
fähigen Schülern machbar ist und dass es ohne Disziplin nicht geht. Dennoch macht man nach wie vor um
das »eklige« Wort *Disziplin* einen großen Bogen wie
um den heißen Brei.

Schauen wir also die Disziplin einmal sachlich und
ohne jegliche Feindseligkeiten an. Im *Neuen Lexikon*

aus dem Jahr 1996 (immer noch in der Blütezeit der antiautoritären Welle) versteht man unter *Disziplin* »1. Wissenszweig«, »2. das freiwillige Einhalten von vorgeschriebenen Verhaltensregeln als auch Ordnung, der man sich zu unterwerfen hat« und »3. Teilbereich des Sports«.

Wenn wir bei der Betrachtung das Pferd sozusagen von hinten aufzäumen, so leuchtet ein, dass Sport ohne Disziplin so gut wie nicht denkbar ist. Zum Schwimmen braucht man eine bestimmte Körperbeherrschung, die richtige Atemtechnik, das Einhalten der je nach Schwimmstil eintrainierten Bewegungsabläufe sowie ein enormes Durchhaltevermögen bis ins Ziel. Beim Reiten gehört im Rahmen des Zusammenspiels mit dem Pferd eine Rücksicht auf dessen Eigenarten dazu. Beim Fußball ist es ausnahmslos notwendig die Regeln einzuhalten; je weniger man sich diszipliniert, umso häufiger bekommt man die Gelbe oder schließlich die Rote Karte und wird aus dem Spiel ausgeschlossen. Weil man aber gerne den Sport genießen und Erfolg erzielen möchte, nimmt man dazu all die notwendigen Verhaltensregeln und Ordnungen in Kauf. Und so landen wir eigentlich schon bei der zweiten Definition, dem freiwilligen Einhalten von bestimmten vorgegebenen Regeln und Ordnungen, hier als Grundbedingung für die erfolgreiche und erfüllende Ausübung einer Sportart, sprich eines Freizeitinteresses. Im Grunde handelt es sich

Ein dicker Stolperstein: Disziplin

jeweils um eine notwendige Anpassung an das Vorgegebene. Nur ganz selten geht es um Tätigkeiten, bei denen sich der Mensch ganz alleine und ohne jegliche von Menschenhand hergestellte Hilfsmittel mit der Natur auseinandersetzt. Heute bevorzugen manche junge Menschen sogenannte »Mono-Sportarten«, wie Joggen oder Schwimmen, weil sie glauben, sich dabei eben nicht anpassen zu müssen. Aber selbst hierbei geht es nicht ganz ohne Mitmenschen, denn, um es vollkommen überspitzt zu verdeutlichen, auch die Joggingschuhe müssen entworfen, produziert und verkauft werden – von anderen Menschen. Die Einstellung: »Ich brauche keine anderen Menschen« ist also bei genauerer Betrachtung so auch nicht hundertprozentig möglich. Eine besondere soziale Bedeutung weisen natürlich Tätigkeiten aus, die ob schon im Alleinsein oder in der Gemeinschaft eingeübt, einen sozialen Sinn haben: Ich übe eine Sonate ein, um sie beim Schulkonzert zu spielen. Ich fange einen Fisch, um Freunde zu einem gemeinsamen Grill-Abend einzuladen.

Meist ist die Einübung der bestimmten grundlegenden Bewegungsabläufe mühselig. Es kostet sehr viel Selbstdisziplinierung. Die Tonleiter stundenlang zu üben, dabei immer die gleichen Fingerbewegungen zu machen – ganz ohne Gefühle – kommt einer reinen Fließbandarbeit gleich und ist schlicht und ergreifend »ätzend«. Und das Ziel liegt in der Ferne. Dieses

Training auszuhalten, fiel selbst dem kleinen Mozart schwer. Und dies umso mehr, als er freie Stücke schon beeindruckend gefühlvoll spielen konnte. Die Ohrfeigen seines Vaters haben ihm zur Disziplin verholfen, wo sein Wille zur Selbstdisziplinierung schwächer als seine Impulsivität war. Um Missverständnisse zu vermeiden: Dies ist nur ein Beispiel. Wie im folgenden Kapitel noch deutlicher wird, bin ich grundsätzlich gegen jede Form von Gewalt! Auch dem chinesischen Pianisten Lang Lang erging es übrigens unter dem strengen Bestehen seines Vaters auf das ständige Üben nicht anders. Und auch wenn man das Training der Nationalmannschaft im Fernsehen beobachtet, wundert man sich, wie so ein Ballack oder Podolski solch monotone Bodenübungen aushalten können. Sie nehmen aber die Mühsal auf sich, weil sie gerne guten Fußball spielen möchten. So ist es und anders geht es nicht: ohne Übung kein Meister. Die Vorfreude auf das mögliche Erreichen des Zieles, die leidenschaftliche Sehnsucht danach stärken die Bereitschaft zur Selbstüberwindung und Selbstbeherrschung. Am Ziel angelangt ist dann die Freude an der eigenen Kraft und an dem Gegenstand der Anstrengung natürlich riesengroß. Nehmen wir als Beispiel den Gipfel der Zugspitze. Man kann ihn auf vielfältige Weise erleben. Auf dem Bildschirm, indem man sich auf der Couch reckt und ein Bier dabei trinkt. Wesentlich wahrnehmbarer ist die Begegnung mit dem

Gipfel, wenn man ihn mit der Gondel erreicht hat.
»Fantastisch, auf dem Gipfel der Zugspitze zu stehen!«, freut man sich über die Technik. Und über den
kurz auftauchenden Nebel ärgert man sich, da man so
keine Fotos mehr schießen kann. Man trinkt vielleicht
ein Bierchen und fährt mit der Seilbahn wieder herunter. Völlig lebendig, mit allen Sinnen, mit aller
Kraft und allem Mut, mit dem ganzen Einsatz des
Ichs nimmt man sich selbst in der Verbundenheit mit
dem Berg ganz besonders wahr, wenn man ihn nach
stundenlangem Klettern erklommen hat – zeitweise
vielleicht sogar auf Risiko des eigenen Lebens – und
glücklich über jeden Meter. Dann steht man auf dem
Gipfel und denkt weder an Fotos noch an Bier noch
an die Abfahrt, man ist berauscht vom Hormoncock-
tail der körpereigenen Glückshormone. Im höchsten
Glück! Und in der späteren Erinnerung schaut man
nicht vom Gipfel nach unten, so wie man einen Aus-
sichtsturm rein zur Aussicht benutzt, sondern ach-
tungsvoll von unten nach oben.

Doch gehen wir nochmals zurück zu den grundlegenden Übungen, den zwar langweiligen, anstren-
genden, lustlosen Klimmzügen und Tonleitern, die
aber letzten Endes den Meister ausmachen. Der Clou
solcher Übungen ist, die bestimmte Grundleistung
unter hochgradiger Selbstdisziplinierung so tüchtig in
die neuronalen Vernetzungen des sensomotorischen
Gehirns einzubrennen, dass sie automatisch ablaufen

können und somit zur Routine werden. Erst auf dieser Basis werden der Wille sowie der Verstand für die höhere Leistung frei. Dazu weitere Beispiele: Der unerfahrene Bergsteiger muss zunächst den Umgang mit dem Anseilen, die Technik des Hochziehens, des Sicherns etc. einüben, um sich einen Aufstieg nach einem bestimmten Schwierigkeitsgrad zumuten zu können.

- Hat der Schüler die Schreibbewegungen einzelner Buchstaben so automatisiert, dass er nicht mehr überlegen muss, ob er den Stift nach links oder nach rechts, ob nach oben oder nach unten zu steuern hat, dann ist er reif dafür, selbst bei einem Diktat schnell zu schreiben.

- Wenn ich die besondere Atemtechnik beim Schwimmen, also das Einatmen über und das Ausatmen unter Wasser, eingeübt habe, dann brauche ich mich darauf nicht mehr zu konzentrieren. Diese Art des Atmens läuft nun automatisch ab. Ich denke nur an die Kraft meiner Schwimmbewegungen und an mein Ziel, das Ufer oder den Beckenrand.

- Als Autofahrerin habe ich das Blinken so automatisiert, dass ich blinke, ohne dabei die Aufmerksamkeit auf das Lenken und das Gespräch mit meinem Beifahrer zu verlieren.

Ein dicker Stolperstein: Disziplin

Je lieber ich etwas mache, das heißt aus Liebe zu mir und aufgrund meiner Begeisterung für den Gegenstand meines Interesses, aber auch aus Liebe und Rücksicht zu anderen Menschen, die mit mir an der Sache beteiligt sind, umso stärker bin ich motiviert, die Mühe des simplen, mitunter stumpfen Trainings auf mich zu nehmen. Nach denselben Gesetzmäßigkeiten müssen auch die Grundlagen des Miteinanders, wie Höflichkeit und Anstand, verinnerlicht und automatisiert, sprich zur Gewohnheit werden. Sie stehen eindeutig im Sinne eines soziales Auftrags, der der Nächstenliebe dient. Sie offenbart sich vor allem in der Rücksicht. Jedes Gespräch und vor allem ein Gruppengespräch verlangt ein hohes Maß an Disziplin. Währenddessen muss sich jeder Teilnehmer disziplinieren, um aktiv zuzuhören, um den anderen zu Wort kommen zu lassen, um im Interesse der Verständigung aus dem eigenen Vokabular angemessene Worte auszuwählen, um bis zum sinnvollen Abschluss durchzuhalten usw. Sehe ich einen alten Menschen im vollen Bus, so biete ich ihm meinen Sitzplatz an. Wenn mich jemand anspricht, reagiere ich sofort: Ja, ich höre, da bin ich. Beim Husten lege ich die Hand vor meinen Mund. Dasselbe tue ich beim Gähnen, jedoch nicht erst zum Schluss, sondern bevor ich damit beginne. An den Menschen Ihrer Umgebung können Sie sehen, wie oder ob überhaupt jemand dazu erzogen wurde. Es gibt viele, die den Mund erst inmitten des Gähnens zudecken, wenn sie sich beobachtet fühlen. Zu spät gelernt! Es hätte viel früher geschehen sollen. Noch dort, wo es sich unter konsequenter Aufsicht der Mutter hätte automatisieren können. Die Folge für den Erwachsenen ist, dass er sich in der Gesellschaft oft kontrollieren muss, denn er hat das richtige Verhalten ja nicht verinnerlicht. Aus diesem Grund ist er nicht ganz frei und trägt möglicherweise sogar einen schlechten Ruf davon. Unlängst ist es einer prominenten Frau, deren Namen ich aus Diskretion verschweige, anlässlich einer Modenschau passiert, dass sie vor laufender Kamera und höchst elegant angezogen gedankenlos in ihrer Nase popelte. Das Foto ging durch beinahe jede Illustrierte. Jedenfalls hat es ihrer Liebe zu sich selbst geschadet.

Bis jetzt haben wir die Disziplin unter dem Gesichtspunkt der Freiwilligkeit angeschaut. Zusammenfassend ist festzustellen, dass die Freiwilligkeit einen wichtigen Faktor bei der Annahme der Disziplin darstellt. Je mehr die Motivation dazu auf Lust und auf dem Bedürfnis nach Bestätigung, also auf der Liebe zu sich selbst, beruht, umso leichter fällt es einem, das entscheidende »Ich will!« zum Einhalten der Disziplin zu entfalten.

Es wird jedoch härter, wenn wir uns mit »dem Einhalten von Ordnungen, denen man sich zu unterwerfen hat« befassen, wie der Duden die Disziplin definiert. Solche Ordnungen stellt der Staat dem er-

wachsenen Bürger mit der Kompetenz des Gesetz-
gebers auf. Nach diesen Gesetzen verlangt das Finanz-
amt vom Bürger eine Einkommenssteuer und straft
ihn für eine Steuerhinterziehung streng, ja sogar mitunter mit Haft. Die Verkehrspolizei sorgt für das Einhalten der Verkehrsregeln, schränkt die Fahrer durch
ihre Regeln ein und im Falle des Nichteinhaltens straft
sie den Delinquenten mit Bußgeldern und in äußers-
ten Fällen mit dem Entzug des Führerscheins. Die
Zielsetzung dieser Gesetze ist jedoch nicht irgendeine
Willkür, sondern eine parlamentarisch abgestimmte
lebenswichtige Versorgung der menschlichen Gesellschaft mit Gerechtigkeit, Sicherheit, Vertretung im
Ausland, Versicherungen, Ausbildungen u.a. So können sich beispielsweise die Verkehrsteilnehmer dank
der Verkehrsregeln auf den vorsorglichen Schutz vor
Unfällen verlassen und sicher fahren. Bei Unfällen
wissen sie um Hilfeleistung sowie die objektiven Er-
mittlungen der Schuld. Im Gegensatz zum ersten Teil
der Definition aus dem Duden, in dem die Freiwilligkeit und die Motivation entscheidend sind, spielen
Lust oder Unlust in Bezug auf die Gesetze und Regeln
absolut keine Rolle. Ich muss mich der vorgegebenen
Ordnung »unterwerfen«, auch wenn es keinen Spaß
macht, ob ich will oder nicht. Mein Willen ist hierbei
sicherlich sehr wichtig, jedoch ausschließlich zum Ziel
der Anpassung an die Ordnung ausgerichtet. Je tem-
peramentvoller und antriebsreicher ein Mensch ist,

umso mehr muss er seinen Willen anwenden, um seine Unlust und die Widerstände gegen das vorgegebene Gesetz zu überwinden und sich zu disziplinieren. Das Einhalten der Gesetze wird von mir verlangt, selbst dann, wenn ich deren Logik nicht verstehe oder mir diese Logik unsinnig erscheint. Wenn ich in einer Schulstraße, in der eine Höchstgeschwindigkeit von 30 km/h angeordnet ist, in der Nacht bei Tempo 50 km/h erwischt wurde, so nützt mir meine logische Argumentation, dass dort in der Nacht keine Schulkinder verkehren, gar nichts. Gesetz ist Gesetz. Und für mein Aufbäumen zahle ich den Preis. Es gibt kein Ausweichen und keinen Ausweg, wenn ich in diesem Staat mit seinen Gesetzen leben möchte. Es gibt keine individuellen Ausnahmen mit Rücksicht auf mildernde Umstände. Wenn ich während der Autofahrt beim unerlaubten Telefonieren mit dem Handy von der Polizei ertappt und auf die Standspur gewunken werde, so kann ich der Bestrafung nicht entgehen, wenn ich auf die Einsicht der Polizisten für meine Eigenart appelliere: »Wissen Sie, ich rede so gerne. Und ich brauche die sprachliche Zuwendung umso mehr, als ich in meiner Kindheit so oft meine Mutter vermisst habe ...« Tja. Mit dem Appell an die Empathie für meine Individualität komme ich nicht durch. Das Gesetz gilt. Meine Individualität kann ich nur in dem mir gegebenen Rahmen entfalten. Das muss aber nicht heißen, dass ich sie verliere. Bei einem starken

inneren Halt kann ich trotz der äußeren Zwänge mein
inneres, erfülltes Leben frei ausleben. Dies setzt allerdings voraus, dass ich die Grenzen zwischen außen
und innen gut unterscheiden kann. Ansonsten müsste
ich aus dieser Gesellschaft aussteigen. Entweder zum
Obdachlosen werden oder in den Dschungel ziehen.
Aber – oh weh ! – auch hier werde ich mit der Notwendigkeit der Anpassung überrumpelt. Von der Natur selbst gesteuert. Ich muss mich dem Frost und
dem Regen anpassen, eine Zuflucht davor suchen,
mich auf den schnarchenden Mitobdachlosen einlas-
sen, im Dschungel darf ich nicht einmal mein Brot essen, ohne unter die Brotscheibe ein Tuch zu halten,
ansonsten würde sich nämlich auf die Krümelchen
eine ganze Menge an Insekten stürzen. Ob ich will
oder nicht, ich muss der Empfehlung der Eingeborе-
nen folgen, weil sie wissen, wie man im Dschungel
überleben kann. Schon wieder Regeln! Verflixt noch
mal. Aber anders geht es nicht, lediglich um den Preis
des Ausschlusses aus der Gruppe.

Ja, so ist die Realität des Lebens: Man muss sich anpassen, um sich zu behaupten, um sich durchzusetzen
oder ganz einfach: um zu überleben. Diese beiden
Pole Anpassung und Durchsetzung müssen in einem
dynamischen Gleichgewicht zueinander stehen. Nicht
in der vollkommenen Anpassung steckt das Ziel. Ihr
Sinn ist lediglich der Weg dorthin. Je mühseliger die
Anpassung, umso intensiver wird die Energie zum Er-

reichen der Durchsetzung freigesetzt. Und so wie in ähnlicher Polarität auch das Ausatmen als Vorbereitung des Einatmens notwendig ist, aber das Einatmen als wichtiger für das Leben gilt, so ist auch die Durchsetzung existenziell bedeutsamer als die Anpassung. Das eine geht ohne das andere nicht. Anpassung alleine ist sehr schädlich. Die massenhafte Anhäufung von solchen Opfern im Sinne von überangepassten Ja-Sagern produzierte die sture autoritäre Erziehung. Die selbstzweckmäßige Disziplin diente allein der Unterdrückung der Menschen. Wird aber andererseits die Durchsetzung einseitig, so kann sie zur rücksichtslosen, egoistischen Tyrannei verleiten. Die Folge ist eine willkürliche Disziplinierung. Jede Einseitigkeit ist schädlich. In beiden Fällen ist davon die Persönlichkeitsentwicklung des Menschen betroffen. Den größten Schaden erleidet dabei sein Bedürfnis nach Liebe. Der Ja-Sager kann sich aufgrund seiner Unterwürfigkeit und seiner Minderwertigkeitsgefühle nicht selbst lieben. Er kann aber auch seinen Unterdrücker nicht voll lieben. Er empfindet eher eine Hassliebe, in der eigentlich sogar der Hass überwiegt, denn der Unterdrücker nimmt ihm ja seine Würde. »Wer sich unterkriegen lässt, verliert den Mut«, sagt ein Sprichwort. Mit anderen Worten: Der Ja-Sager empfindet sich als Feigling. Auf der anderen Seite gelingt dem Tyrannen die Liebe noch weniger. Er kann sich selbst und die anderen nur lieben, wenn er diese beherrschen kann. Stets lebt er in Angst, von den Unterdrückten belogen und nicht wirklich geliebt zu werden – so wie sie es ihm vortäuschen. Paranoide Verfolgungsängste sind die Folge. Der politische Tyrann unterhält deshalb eine geheime Staatspolizei. Das tyrannische Kind kontrolliert seine Mutter, ob sie nicht etwas anderes kocht als das, was es sich zwanghaft wünscht, und verteilt seinen Mitschülern Ohrfeigen, um sie kleiner zu machen, als es sich selbst empfindet – ein stetes egozentrisches Kreisen um sich selbst in einer rastlosen Unruhe. Ein Ruhen in sich selbst ist ausgeschlossen.

Diese Überlegungen zeigen, dass eine Disziplin ohne Liebe eine große Gefahr für dieselbe ist. Dennoch kann Disziplin vielfältig und bereichernd der Persönlichkeitsentfaltung dienen, falls sie in der bedingungslosen Liebe verankert ist. Sie ist für den Charakter des Menschen im Prinzip unabdingbar. Wenn nämlich der Mensch aus liebevoller Rücksicht auf andere bereit ist, sich einzuschränken, sprich sich selbst zu disziplinieren, dann ist er in der Liebe frei. Disziplin hat nur dann einen Sinn, wenn sie der Liebe dient. Wie erklärte es der große Kirchenvater Aurelius Augustinus bereits im vierten Jahrhundert nach Christus: *»Liebe nur. Dann tu, was du willst!«*

WAS BRAUCHT DAS KIND WIRKLICH? –
LIEBE!

Unsere Kinder werden in einigen wenigen Jahren zu Erwachsenen. Es stellt sich die Frage, wie sie dafür am besten gerüstet sind. Vor Kurzem habe ich im Wartezimmer einer Arztpraxis ein Gespräch zu diesem Thema mit angehört. Geführt wurde es von zwei etwa 30-jährigen Frauen, offensichtlich Mütter, die mich nicht kannten:

»Auf alle Fälle brauchen die Kinder ein perfektes Englisch. Sie wachsen in eine Welt hinein, in der Englisch Weltsprache ist.«

»Das stimmt. Es gibt tolle Programme auf DVD, die sich für die ersten zwei Jahre eignen.«

»Ich habe gehört, dass es solche Programme schon für die Kinder im Mutterleib gibt. Die Kinder erkennen doch die Stimme schon vor der Geburt.«

»Ja. Und der Umgang mit dem Computer ist auch sehr wichtig. Ohne Computer geht heute nichts mehr. Man kann solche Programme schon für das Babyalter kaufen.«

Keine der beiden sprach von Liebe und auch nicht von Geborgenheit in der Bindung oder vom Vorbild der Eltern. Eher davon, welche Krippe in der Stadt die beste ist. Und keine sprach von der Ausbildung des Charakters – man kann ihn mit der sozialen Intelligenz gleichsetzen. Diese Mütter waren angesteckt

von dem Leistungsdenken vieler Politiker und Pädagogen im Bildungssystem, die das sachliche Wissen
sowie das »Pauken« in den Vordergrund und das
Erkennen der sozialen Zusammenhänge und das Er-
lernen des sozialen Handelns in den Hintergrund
stellen. Dabei ist dieses soziale Vermögen für die
Pflege der Menschlichkeit von fundamentaler Bedeutung. Es hängt ganz tief und nah mit den Bedürf-
nissen des Menschen nach Liebe zusammen: nach
Lieben und Geliebtwerden, nach Rücksicht und Be-
rücksichtigtwerden, nach aufmerksamem Hören und
Gehörtwerden, nach Durchsetzen und Durchsetzen-
lassen, nach Sättigung des eigenen kreativen Gel-
tungsbedürfnisses und Achtung desselben Bedürf-
nisses beim anderen, nach einer eigenen Identität und
nach Respekt vor der Identität des anderen, nach Toleranz, nach der Konflikt- und Kompromissfähigkeit,
nach dem Aushalten der Frustration und der Anstrengung, nach kreativem Suchen der Lösungen, nach
Hoffnung.

All diese Tugenden und Grundeinstellungen können
sich allerdings nur auf dem Boden einer fundamen-
talen Anpassung an stabile, zuverlässige Strukturen in
Zeit und Raum und in der Kommunikation entfalten.
Solche für das Kind notwendigen, grenzenbietenden
Strukturen sind:

◆ Die Unterscheidung zwischen Nacht und Tag

- Hier der Ort des Schlafens und dort die Räume für das Wachsein
- Die Zeit des Ruhens und die Zeit der Aktivität
- Das Bedürfnis nach dem Ich-Bewusstsein, sprich nach meiner eigenen Identität, und das achtungsvolle Erkennen der Identität meines Nächsten – ich bin ich und du bist du
- Das Bedürfnis nach Bindung und nach Loslösung
- Die Orientierung an Werten gegeben durch ein eindeutiges Ja bzw. Nein der Eltern

Bei allen Beispielen ist die Polarität unverkennbar. Hier möchte ich auch auf die ersten Seiten dieses Buches verweisen, wo ich dieses wichtigste Schöpfungsgesetz betone (siehe Seite 21 ff.). Nur unter dem Einhalten der Polarität kann die Lebensenergie nach vorne fließen. Schon seit Jahrzehnten suche ich nun nach einer geeigneten Metapher, die dieses Gesetz verständlich macht. Bis jetzt habe ich keinen besseren Vergleich gefunden als das Bild eines Flusses, der zwischen zwei Ufern – links und rechts und von oben nach unten – fließt. Je mächtiger der Strom ist, umso fester und zuverlässiger müssen die Ufer sein, damit der Strom frei und ohne Stauung oder Überschwemmung fließen kann. Für die familiäre Erziehung gilt dasselbe. Die Disziplin baut die beschützenden Ufer aus, und sie gilt für alle Familienmitglieder, so wie auch für jeden Verkehrsteilnehmer die Verkehrsregeln verpflichtend sind. Ob man Lust hat oder nicht.

Bevor wir jedoch die Einbettung der Disziplin in die Emotionalität vertiefen, werfen wir noch einen kurzen Blick zurück zum Anfang dieses Kapitels und fragen uns, was das Kind zum erfolgreichen Lernen wirklich braucht. Die Antwort der verkopften Eltern, die dem Kind die englische Sprache möglichst schon im Baby-alter beibringen möchten, wäre wohl: Fleiß. Also üben, üben, üben – ohne Unterlass. Ein ganz großer Stolperstein, denn das stumpfe Einpauken einzelner Begriffe allein über Drill hat nur einen kurzfristigen Effekt. Und wenn der Drill noch mit der Angst vor einem Tadel verbunden ist, wächst beim Kind sogar die Abneigung gegen den Lehrstoff. Eigentlich wissen wir es seit jeher, hauptsächlich aus der eigenen Erfah-rung: Wenn wir mit dem Gelernten etwas Wichtiges erreicht haben und noch Weiteres erreichen können, dann treibt uns die Begeisterung zu Wiederholungen und zu neuen Entdeckungen an. Die Begeisterung ist die wichtigste Triebfeder jedes Lernens. Ich erinnere mich an meine Gymnasialzeit: Vom Altgriechischen behielt ich nur ganz wenig, minimale Fragmente aus Homers Werken, die wir unter der Strenge der Beno-tung auswendig lernen mussten. Auf seine trockene, archaische Art konnte mich unser Lehrer nicht gewin-nen. Während seines Unterrichtes machte ich unter der Schulbank Kreuzwort- und Bilderrätsel – wie im Rausch, wie gedopt. Je schwieriger das Rätsel war, umso intensiver hielt es mich in seinen Fängen. Heute bestätigen die jüngsten Hirnforschungen mein damaliges Empfinden. Es wurden tatsächlich Wohlfühlbotenstoffe entdeckt, die den Antrieb des Menschen (also im wahrsten Sinne »Doping«) auf Trab halten. Dopamin, Oxytozin und die körpereigenen Opioide sind die Stoffe, die als Triebwerk des Motivationssystems in der Mitte des Gehirns wirken. Sie nehmen emotionale, sinnliche Informationen an und leiten sie zu den darüberliegenden Hirnregionen weiter, die für den Verstand verantwortlich sind. Bildlich denke ich hierbei an einen Baumstamm: Von den Wurzeln her nimmt er die Botschaft des Wohl- oder Unwohlfühlens der Erdung auf, sättigt sie mit den stammeigenen Energien und liefert sie den Ästen, den Blüten und den Früchten. Das Lernen kann nur gedeihen, wenn es diesen Weg geht.

Dazu eine Geschichte:

Helene gilt mit ihren zwei Jahren in der Verwandtschaft und Nachbarschaft als Star. Nicht nur, dass sie zahlenmäßig weiß, was zwei und drei ist. Sie kann es auch schon auf Englisch. Two and three. Fabelhaft. Ein Kind des dritten Jahrtausends. Solchen gehört später einmal die Welt. Einmal kam eine englische Familie zu Besuch. »Unsere Helene kann sich mit euch auf Englisch unterhalten«, brüstet sich der Opa, der es selbst nicht beherrscht. »Kann das kleine deutsche Mädchen wirklich schon Englisch?« »Ja, ja, fragen Sie nur, wie viel zwei Finger sind.« »Two«, sagte Helene. »Und diese drei?« »Three.« »Hervorragend. Sag, Helene, wo ist der Grandpa?« Keine Reaktion, stattdessen zeigte Helene ihre Armbanduhr »guck mal!« – Ende der Konversation. Aber dieselbe Helene, wirklich ein intelligentes Mädchen, kann sich wunderbar auf Türkisch mit ihren türkischen Nachbarskindern unterhalten. Denen kann es auch ihren Opa zeigen. Mit denen hat es viel gemeinsame Freude und Spaß. Das Englische bedeutet Helene nichts, das Türkische schon, weil es mit ihrem Interesse an den Nachbarskindern verbunden ist.

Nicht das Pauken ist es. Die Begeisterung macht es aus. Freude trägt. Vielleicht mag das nun dem ein oder anderen als ein Widerspruch erscheinen: Einerseits benötigt man eine gewisse Disziplin, um etwas zu lernen, auf der anderen Seite funktioniert Lernen nicht über bloßen Drill. Um dies zu verstehen, muss man sich vor Augen führen, dass das Kind als Allererstes von etwas begeistert sein muss. Diese Begeisterung kommt aus ihm, aus seiner Persönlichkeit, die Eltern können dem Kind nur die Möglichkeiten geben, diese Begeisterung zu entdecken. Sie ist der Nährboden für ein Lernen, das funktioniert. Dann kann ich dem Kind auch vermitteln, dass neben Begeisterung auch das Üben dazugehört und dass dies leider nicht immer Spaß macht, langfristig die Begeisterung aber fördert. Wären ein Lang Lang oder ein Lukas Podolski nicht als Kinder schon vom Klavier- oder Fußballspielen begeistert gewesen, hätten die stumpfen Tonleiter- oder Technikübungen, verbunden vielleicht mit strengem Drill, bei ihnen nur Abneigung hervorgerufen – und sie wären beide sicherlich nicht zum gefeierten Pianisten bzw. Fußballspieler herangewachsen. Sie brachten es jedoch zu dem, was sie sind, weil ihre Begeisterung entdeckt und gefördert wurde und ihnen dann die notwendige Disziplin zum Üben und Einhalten bestimmter Regeln vermittelt wurde.

WIE DAS KLEINKIND SINNVOLLE DISZIPLIN VON ANFANG AN LERNT

Machen wir uns vor allem nochmals bewusst, dass Disziplin nicht dem Selbstzweck dienen darf. Sie soll lediglich helfen, das Kind für seine Zukunft auszurüsten. In diesem begrenzten Kapitel ist es nicht möglich, alle Empfehlungen für jede Entwicklungsstufe aufzulisten. Es sind auch schon mehrere Erziehungsbücher zu diesem Thema vorhanden. Sie alle haben einen gemeinsamen Nenner: *Zeit für das Kind*. Schon im Säuglingsalter ergibt sich die Grundlage für die

Ein dicker Stolperstein: Disziplin

spätere Disziplin, die *emotionale Wahrnehmung*. Aus ihr kann sich die Disziplin im eigentlichen Sinne erst entwickeln. Hier also nur einige Anregungen:

◆ Für die Entwicklung des Kindes ist die Förderung der aktiven Aufmerksamkeit, mit der der Gerufene sofort auf einen Aufruf reagiert, sowie das aktive Zuhören sehr wichtig. Manche meinen, dass diese Förderung erst etwa mit dem Kindergartenalter beginnen sollte. Viele denken nicht einmal daran, dass man es dem Kind beibringen sollte, und wundern sich dann, warum das Kind in der Schule auf die Aufrufe des Lehrers nicht hört. Häufig wird eine solche Schwäche als Aufmerksamkeitsdefizit-Syndrom (ADS bzw. auch ADHS) diagnostiziert und dem Kind wird ein Psychopharmakon verschrieben. Alles zu spät und unnötig, denn mit dem Einüben kann man nicht früh genug beginnen. Das Gehirn ist in seiner Frühentwicklung auf die Wahrnehmung aller Reaktionen der Mutter und ihrer neuen Anregungen eingestellt. Dementsprechend formt es sich. Schon vorgeburtlich, noch im Mutterleib, entstehen die Grundlagen für die Kommunikation, genauer gesagt für das Reagieren und das aktive Zuhören. Wenn das Kind die Stimme der Mutter hört und darauf mit seinen Bewegungen reagiert, ist die Mutter an der Reihe, um wiederum mit ihrer Stimme und ihren Bewegungen auf das Baby zu reagieren.

Ein dicker Stolperstein: Disziplin

◆ Bei der Geburt des Kindes werden Liebeshormone ausgeschüttet, die wiederum Spiegelneuronen im Gehirn des Babys und der Mutter anregen. Auf diese Weise entsteht ein wunderbarer instinktiver Liebesdialog. Die beiden spiegeln sich ganz spontan gegenseitig. Nicht nur das Kind wird von der Mutter nachgeahmt, sondern auch umgekehrt. Jede mimische Bewegung, jedes Jauchzen, jedes Gähnen, jedes Schmatzen. Falls, weil das Baby beispielsweise für einige Tage im Inkubator untergebracht werden musste, dieser Dialog einmal verhindert wurde und die Spiegelneuronen demzufolge nicht gebraucht werden können, bilden sie sich zurück. Wenn Mutter und Kind sich dann später wieder begegnen, kann das Spiegeln nicht mehr instinktiv einsetzen. Natürlich liebt die Mutter ihr Baby nach wie vor und sendet ihm ihre Signale, über die sich ihr Baby auch freut. Ihr entgeht aber die Einseitigkeit der Nachahmung. Die Mutter kann dem jedoch entgegenwirken, indem sie ihr Baby ganz bewusst nachahmt. Zunächst »vom Kopf her« und unter der Freude aneinander pendelt sich dann die Spontaneität des Nachahmens wieder ein.

Welche wundersamen Gaben werden unter dieser Spiegelung ausgetauscht? »Ich spüre, was du spürst, und du spürst, was ich spüre.« Empathie pur. Eine tief empfundene Bindung. Ein Verständnis füreinander. Dieselbe Einstimmung. Eine Bestätigung. Eine volle Annahme in allen Gefühlslagen.

Ein dicker Stolperstein: Disziplin

◆ Die Zeit der nachahmenden Bestätigung nach der Geburt ist nur der Beginn des emotionalen Dialogs. So wie die Wahrnehmungsfähigkeit und die Neugierde des Kindes wachsen, ist der Dialog mit ihm noch lange fortzusetzen und unter zusätzlichen Variationen zu bereichern. Wenn das Kind die von ihm erwartete Reaktion erfährt, stärken sich seine Zuversicht und die Bindung zu seinem Gegenüber. Deswegen braucht es eine kontinuierliche emotionale Begleitung seitens der Mutter und des Vaters sowie seiner weiteren Bezugspersonen. Natürlich kann dies auch die Tagesmutter oder eine dem Kind vertraute Erzieherin in der Krippe sein. Sie erfüllen den Sinn der Großfamilie. Zunehmend gewinnt das Kind zu verschiedenen Menschen unterschiedliche Bindungen. »Aha, so reagiert die Mutter, wenn ich sie an ihren Haaren ziehe«, »Aha, so reagiert der Opa, wenn ich seine Zeitung herunterziehe«, »Aha, so reagiert die Tagesmutter, wenn ich an ihrer Halskette ziehe.« Die aus stabilen Mitgliedern zusammengesetzte Großfamilie ist für die Entfaltung der Beziehungsfähigkeit des Kindes in der Regel günstiger als eine ständige, nervös machende Zweisamkeit mit einem Elternteil. Bei allen Bezugspersonen sehnt sich das Kind nach einem wirklichen Dialog, worüber sich einige Menschen jedoch gar nicht im Klaren sind. Entzückt durch die Nettigkeit des Kindes sprechen sie es an, bleiben aber nur bei der Ansprache »Hallo, du Schätzchen!«

und brechen den Kontakt dann wieder ab. Indem auf diese Weise versäumt wird, sich mit dem Kind zu verbinden, lernt es den unverbindlichen Kontakt. Es lernt, seine Aufmerksamkeit nur für kurze Aktionen zu verwenden oder eventuell gar nicht zuzuhören. Hierbei denke ich auch an die vielen Kinder, die »auf Durchzug schalten«, wenn sie unzählig Male gerufen werden, um sich vor der unverbindlichen Geräuschkulisse zu schützen.

Möchte man, dass sich das Kind einmal mit seiner vollen Hingabe, Konzentration, Aufmerksamkeit und seinem ganzen Durchhaltevermögen für etwas einsetzt, so müsste man dazu seine Hirnfunktionen von Anfang an formen. Wenn ich also das Baby anspreche, dann nehme ich aufmerksam seine Reaktion wahr und beantworte sie: »Ich rufe dich nicht umsonst, liebes Kind. Deine Antworten sind mir wichtig. Du bist mir wichtig. Deshalb schenke ich dir zur Antwort meinen Blick. Mein Lächeln. Mein ›Kuckuck!‹ Mein Liedchen. Meinen offenen Arm. Mindestes aber mein Winken und ein ›Bis bald!‹.«

Viele Eltern plagen sich mit Schuldgefühlen, wenn sie mit dem Kind zu wenig spielen, was jedoch vollkommen unnötig ist! Das Kind ist nämlich für das Spielen wesentlich begabter als der Erwachsene. Das Spielen muss ihm nicht von den Eltern »vorgemacht« werden, denn es verfügt ja über viel mehr Fantasie als sie. Da-

Ein dicker Stolperstein: Disziplin

mit meine ich natürlich keine »Schmusespiele«, also
Spiele unter leiblicher Nähe wie »Hoppe-hoppe-Rei-
ter« oder auch Finger- und Reimspiele, sondern das
selbstinitiierte, »selbst ausgedachte« spielerische Tun
des Kindes. Es sehnt sich lediglich danach, dass
Mutter oder Vater in seiner Nähe sind, wenn es seine Umwelt entdeckt und dass er oder sie an seinen
Gefühlen teilnimmt. Dieses Bedürfnis verlangt besonders in der Entwicklungsstufe der ersten drei
Jahre nach Sättigung. Das ist die Zeit der ersten Entdeckungsreisen, während der sich das Kind immer
wieder seiner liebevollen Bindung zu den Vertrauens-
personen vergewissern möchte. Zugleich ist es die
Zeit, in der das gegensätzliche Bedürfnis nach Loslösung immer wacher wird und den Antrieb zum Erleben des eigenen Ich reizt. Das Kind testet es aus und
möchte wiederholt bestätigt bekommen, dass das
Nein wirklich gilt. Es wird wütend und zornig. Vielmehr jedoch trachtet es nach Bestätigung und nach
Lob. Deshalb ruft es die Mutter, bevor es von der Um-
randung des Schwimmbeckens ins Wasser springt:
»Mama, guck mal, was ich kann!« Es zeigt ihr aber
auch seinen Schmerz, wenn es beispielsweise gestürzt
ist. Den Trost holt es sich nur von den Vertrautesten,
auf deren Reaktion es sich verlassen kann. Auf dieselbe Weise zeigt es der Mutter, was es kaputt gemacht
hat, um von ihr zu erfahren, dass es trotzdem geliebt
wird. Das Kind kann auf dieser Entwicklungsstufe

Ein dicker Stolperstein: Disziplin

noch nicht lügen oder etwas verheimlichen. Es ist die Wahrheit selbst und möchte zugleich auch Wahrheit erfahren. So hat es auch ein tiefes Bedürfnis danach, all seine Gefühle auszudrücken. Dazu benötigt es eine stabile emotionale Begleitung. Es leuchtet ein, dass diese Stabilität am ehesten innerhalb der Familie zustande kommen kann. Wenn diese nicht vorliegt, so kann man sich jedoch behelfen (siehe S. 36 ff.). Auch in der idealen Krippe oder bei der idealen Tagesmutter werden sich zweifellos Fehler ereignen. Damit kann man rechnen. Immerhin aber hat das Kind eine befreundete Gemeinschaft im Sinne einer Familie um sich herum. Und das ist gerade das, was es auf seiner Entwicklungsstufe braucht.

Während der Begleitung des Kindes gibt es zahlreiche Gelegenheiten, um die Basis für seinen Charakter (einschließlich der Disziplinierung) zu legen. Weil diese Basis unter der liebevollen Einbindung und unter dem Vorbild der Eltern noch auf der Stufe der sich bildenden sensomotorischen Koordination und ihrer Einprägung ins Körpergedächtnis geschieht, hat das Kind die Chance, die Disziplin als untrennbaren, ganz selbstverständlichen Bestandteil des sozialen Verhaltens zu verinnerlichen. Dazu und zu den Konsequenzen für die weitere Entwicklung einige Beispiele:

◆ Während der Dauer der gesamten Mahlzeit besteht die Mutter darauf, dass das Kind sitzt, entwe-

der in seinem Kinderstuhl oder auf ihrem Schoß.
So lernt das Kind, auch später während des Schul-
unterrichts auf seinem Platz sitzen zu bleiben und
den Unterricht gemeinsam in der Gruppe bis zum
Ende durchzuhalten.

◆ Haben die Eltern in öffentlichen Räumen wie im
Restaurant oder in der Kirche darauf bestanden,
dass alle Mitglieder der Familie leise sprechen, so
lernt auch schon das Kleinkind leise zu sprechen.
Es tut dies ohne Begründung. Die Gründe dafür
wird es erst in ein paar Jahren verstehen. Zunächst
lernt es am Vorbild der Eltern und der älteren Geschwister oder indem seine Bezugsperson vor seinen Augen den Finger auf den Mund legt und ihm
ein »Pssst!« zuflüstert. Möglicherweise braucht das
Kind eine weitere wahrnehmbarere Hilfe, zum
Beispiel indem die Bezugsperson auch seinen Zei-
gefinger nimmt, zu seinem Mund führt und nochmals »Pssst« sagt.

◆ Wurde der aggressive Versuch des Kindes, die
Mutter zu schlagen, mit ihrem ernst klingenden
»Nein! Das tut mir weh!« und ebenfalls ernster
Mimik bzw. mit dem Anhalten der zum Schlag
ausholenden Hand des Kindes abgewehrt, so prägt
sich dies dem Kind in sein beginnendes Wertesys-
tem ein und es verinnerlicht, dass Gewalt anderen
gegenüber schlecht ist. Dasselbe muss es gegenüber
Tieren verinnerlichen. Geht das Kind mit seiner

Mutter freundlich um und kommt es in den Genuss ihrer ebenfalls freundlichen, lobenden Rückmeldung »Du bist so lieb! Das freut mich!«, dann erkennt das Kind, dass sein freundliches Verhalten wünschenswert und gut ist. Die Unterscheidung der gegensätzlichen Werte gelingt dem Kind allerdings umso präziser, je eindeutiger die Rückmeldungen sind. Wird das »Nein« mit einem lächelnden Gesichtsausdruck begleitet, dann kann das Kind nicht erkennen, was die Mama wirklich meint. Schon deshalb wird es dasselbe erneut probieren, um der Wahrheit nachzugehen. Es mag sein, dass es mangels einer Wertorientierung unruhig und vielleicht sogar aggressiv wird oder sich lieber anderen Dingen (wie Computerspielen) widmet, die eindeutiger und klarer sind als die Eltern.

Geht man diesem Verhalten dann später auf den Grund, so wird man möglicherweise aufdecken, dass die Eltern dem Kind keine klaren Grenzen gesetzt hatten. Ein Stolperstein, auch wenn sie es natürlich nicht böse gemeint haben, sondern ganz im Gegenteil der festen Überzeugung waren, dass ein Kind hauptsächlich Freiheit benötigt und Grenzen immer noch kurz vor der Einschulung gesetzt werden können. Gerade umgekehrt hätte es sein sollen: zuerst die Disziplin und *dann* die Freiheit. So wie im Straßenverkehr: zunächst die Aneignung der Verkehrsregeln und erst in deren Rahmen dann ein freies Fahren. Der Fehler ist nicht ganz einfach zu beheben, denn jahrelang prägte diese Ausrichtung das Kind. Aber es wird sicher gelingen, auch wenn das Umlernen viel Mühe und Zeit kosten wird.

DER UMGANG MIT STRAFEN

Es ist ein grober Fehler, das Kind durch körperlichen Schmerz oder eine »Auszeit« zu strafen.

Nun fühlt sich sicherlich so manch ein Leser oder eine Leserin betroffen, denn wer hat seinem Kind nie einen Klaps erteilt? Wer hat sein trotziges Kind nie in sein Zimmer geschickt oder ist von ihm weggegangen mit dem manchmal barmherzigen Hinweis »Du kannst zu mir zurückkommen, wenn du dich wieder beruhigt hast«? Diese sogenannte *Auszeit* wird sogar in vielen pädagogischen Büchern als wirksames verhaltenstherapeutisches Mittel, als *»Time-out«*, empfohlen. Fachlich wird sie als Reaktion auf das unerwünschte Verhalten betrachtet. Im Herzen der Eltern und des Kindes wird sie jedoch als Nicht-Liebe und emotionale Katastrophe erlitten. »So mag ich dich nicht. Ich will dich nicht sehen.« An der Wirksamkeit dieser Strafe haben die meisten keinen Zweifel. Dabei mussten sie viele von uns in der eigenen Kindheit selbst erleiden und empfanden den Entzug der Liebe als etwas Schreckliches, Schlimmeres als eine Ohrfeige. Die Liebe ist der kostbarste Schatz, den die kindliche Seele beherbergt. Von ihr fühlt sich das schutzbedürftige Kind abhängig, in ihr findet es seine Behausung. Demzufolge wirkt der Verlust der Liebe auf das Kind als eine tiefe existenzielle Bedrohung, so als zöge man ihm den Boden unter den Füßen weg. Eben deshalb ist diese Strafe scheinbar so effektiv: Selbst manch ein Schwerverbrecher wird in der Einzelhaft in seinem Widerstand brechen.

Ich bin grundsätzlich gegen diese Art von Strafen. An dieser Stelle möchte ich Ihnen, liebe Eltern, Mut machen, sich auf meine Begründungen einzulassen und Ihre bisherigen Fehler zu korrigieren. Damit aber kein Missverständnis entsteht: Grundsätzlich bin ich mit der Notwendigkeit des Strafens einverstanden. Schon von der Zeit an, wenn es das erste »Nein!« versteht, soll das Kind lernen, dass ein Verstoß gegen die Regeln negative Auswirkung zur Folge hat. Im späteren Alter, vor allem als verantwortungsvoller Erwachsener, muss es die Gesetze der Gesellschaft einhalten und wird wegen ihres Nichteinhaltens bestraft. Dieser Notwendigkeit ist nicht auszuweichen und darauf ist das Kind rechtzeitig vorzubereiten. Es soll einmal wissen, dass es als Erwachsener vom Autofahren ausgeschlossen wird, wenn es mehrere Male gegen die Straßenverkehrsregeln verstoßen hat, oder dass es zu

Schadenersatz-/Schmerzensgeldzahlungen verurteilt
wird, wenn es einen anderen einen schmerzhaften
Schaden zugefügt hat. Solche Zusammenhänge zwischen Schuld und Strafe muss das Kind zunehmend
lernen, indem es eigene Erfahrungen ähnlicher Art
sammelt. Wenn es zum Beispiel im Unterricht nicht
aufgepasst hat, sondern unter der Bank mit seinem
Handy herumspielt, dann wird es sozusagen mit dem
»Ausschluss aus der Mobilfunk-Kommunikation«
bestraft, indem es sein Handy mehrere Tage lang nicht
benutzen darf. Wenn es bei einer Schlägerei mit seinem Mitschüler dessen Brille zerbrochen hat, muss es
ihm von seinem Taschengeld die Reparatur zahlen
und sich entschuldigen. Auf diese Weise sind Strafen
als logische Konsequenz für das Nichteinhalten einer
Regel berechtigt. So eben ist auch der Ausspruch der
Mutter (»Es tut mir so weh!«) eine nachvollziehbare
Strafe dafür, dass das Kind rücksichtslos in Gegenwart seiner kranken Oma Krach machte. Welche Logik aber besitzen in all diesen Fällen die körperlichen
Strafen oder die Auszeit? Wird vielleicht der undiszi-
plinierte Autofahrer von der Polizei geschlagen? Oder
wird er in die Einzelhaft eingesperrt?

Ich bin gegen diese Strafen, nicht nur wegen ihrer
mangelnden Logik, die in fehlende Einsicht des
Kindes münden wird. Und nicht nur, weil sie – und
das zählt vor allem für die körperlichen Strafen – gegen die Menschenwürde verstoßen. Meine besonders

starke Abneigung ist begründet durch die schwer reparablen Schäden, die sowohl die körperlichen Schäden als auch die Auszeit verursachen. Es ist ja allgemein bekannt, dass sich die ständige Wiederholung bestimmter Erfahrungen in das Gehirn einprägt und zur Gewohnheit wird. Die Statistiken weisen nach, dass Menschen, die in ihrer Kindheit geschlagen wurden, oft auch als Eltern das Schlagen wiederholen, so ähnlich wie Kinder geschiedener Eltern später als Erwachsene sich ebenfalls häufiger scheiden lassen. Im Hinblick auf den gegenwärtigen materialistischen, technokratischen Zeitgeist, unter dessen Wirkung die bedingungslose Liebe zwischen Menschen schwindet, ist es besonders bedeutsam, sich bewusst zu machen, was der Menschlichkeit schaden kann und unter welchen Bedingungen sie trotz der fortschreitenden Technik gedeiht. Glücklicherweise wird in vielen Ländern gegen körperliche Strafen gekämpft. Die Auszeit wird jedoch nach wie vor oft als Strafe gut geheißen und bedenkenlos empfohlen, von einigen wissenschaftlichen Disziplinen begründet und verhaltenstherapeutisch geübt. Bedenken wir jedoch, welche Erfahrung das Kind dabei für sein Leben macht: Unter der Konditionierung seines Verhaltens durch die Auszeit kann es sich keinesfalls bedingungslos geliebt wissen. Es erfährt nur dann Liebe, wenn es sich erwünscht verhält. Durch Wiederholungen des Weggehenmüssens mitten im Konflikt lernt das Kind, diesen gar

Ein dicker Stolperstein: Disziplin

nicht erst auszutragen, das heißt, die verletzte Liebe nicht zu erneuern. Es verinnerlicht vielmehr, dass es richtig ist, die Bindung abzubrechen. An dieser Stelle möchte ich betonen, dass sich meine Bedenken vor allem auf die Beziehung zwischen Eltern und Kindern sowie auf die Eltern untereinander bezieht. Hier nämlich, eben unter den nächsten biologischen, sprich familiären Bindungen müsste die Bedingungslosigkeit der Liebe entstehen und gepflegt werden. Wo sonst ist dieses höchste Prinzip der Menschlichkeit, die Liebe zum »Feind«, zum Konfliktpartner, zu realisieren? Mit dem »Feind« ist nämlich mein allernächster Mensch gemeint, mein Vater, mein Mann, mein Kind, eben der Mensch, der das scheinbar Kostbarste unter uns, nämlich die Liebe, mit seinem unverschämt lieblosen Verhalten zertrampelt. Welch ein Handicap für die Zukunft der Menschlichkeit, wenn die Pflege der Liebe in der Familie schon in ihrem Keim so vernachlässigt wird!

Hier stellt sich die Frage nach einem schöpfungsbedingten oder naturgegebenen Ausgleich für diese Spannungen in zwischenmenschlichen Bindungen. Eine Antwort erhält man, wenn man einen Blick auf die technisch noch unberührten, instinktgebundenen Kulturkreise wirft. Hier werden kleine Kinder nicht geschlagen und auch nicht entfernt, sondern am Leibe der Mutter oder der mütterlichen Bezugspersonen im Tragetuch betreut – auch wenn sie gerade schwer auszuhalten sind. Wenn sie ihren Unwillen mit Schreien, Kneifen, Beißen oder auch Schlagen äußern, reagiert die Mutter nicht mit »Time-out« oder ähnlichen Reaktionen, sondern sie gibt dem Kind eine emotionale Rückmeldung von Antlitz zu Antlitz: »Nein, das machst du mit mir nicht. Das tut mir weh.« Indem die Mutter ihre Gefühle ausdrückt, bekommt das Kind die Chance, sich in sie hineinzufühlen und aus Liebe zu ihr Rücksicht zu nehmen. Diese Schule der Herzensbildung dauert so lange, wie das Kind im Tragetuch am Herzen getragen wird, also bis zum zweiten oder dritten Lebensjahr. Was das Hänschen hier lernt, das formt das Gehirn und gestaltet die Basis der Persönlichkeit. Der Kernpunkt dieses Schöpfungsprogramms für die Ausbildung der Liebesfähigkeit ist eben die emotionale Konfrontation als Nährboden für die Einfühlung und daraus resultierend für die Rücksicht. Wenn ich weiß, wie mein Gegenüber unter meinem Verhalten leidet, kann ich mich aus Liebe zu ihm besser beherrschen. Und ich hoffe, dass mein Gegenüber ähnlich fühlt und denkt, wenn ich ihm meine verletzten Gefühle zeige. So leben es noch viele, meist arme Menschen in den Naturvölkern dieser Erde. Erst mit der Technisierung und Rationalisierung des Lebensstiles fing die Kopflastigkeit an, unter der mehr Kopf als Herz und mehr erfolgreiches Funktionieren als Liebe zählen. Wie die Naturvölker, so trugen auch unsere Ururahnen ihre Kinder im Tragetuch. Unter ihren rauen Lebensbedingungen konnten sie das ungezogene Kind gar nicht aus dem Tragetuch verweisen und es zur Strafe zum Beispiel in eine dunkle Höhle voller Gefahren setzen.

Erst die moderne Instinktforschung entdeckte die tiefe Sinnhaftigkeit dieser sogenannten primitiven Verpflegung der Kinder in ihrem nonverbalen Stadium: Während eines schweren emotionalen Konfliktes neigen beide, das Kind wie auch die Mutter, unter hormoneller Ausschüttung zum Angriff oder zur Flucht. Dieser Instinkt ist allen Tieren und Menschen gemeinsam. Die Menschen, wie auch einige Primaten, verfügen jedoch darüber hinaus über ein höheres Niveau der Liebe. Indem das Kind am Körper der Mutter festgehalten wird, verhindert das Tragetuch die Flucht, und die emotionale Konfrontation wird kanalisiert. Die Hände sind im Tragetuch versteckt und können nicht schlagen. Dafür werden von Antlitz zu Antlitz die Gefühle gegenseitig geäußert, ausgeweint, die Mutter kann trösten. Die aktivierten Spiegelneurone vermitteln die Einfühlung, das Verständnis füreinander und den erneuerten Fluss der Liebe. Dieser Prozess wird niemals mittendrin abgebrochen.

Zusammenfassend kann man sagen, dass der heilsame Kern jeder Konfliktbewältigung die emotionale Konfrontation von Antlitz zu Antlitz ist. Und ausgerechnet diese Chance zur menschenwürdigen Konfliktbewältigung über Einfühlung wird bei beiden Strafen, also bei körperlicher wie auch der Strafe durch Auszeit, vollkommen verhindert. Aus diesem Grund bin ich selbst gegen den Klaps, selbst wenn er nicht schmerzhaft ist. Wie kann ich denn im Gesicht des Kindes seine Gefühle wahrnehmen, wenn ich meinen Klaps gegen den Hinterkopf, gegen seine Hand, gegen seinen Hintern ausrichte? Bei einer Ohrfeige dreht sich das Gesicht des Kindes von mir ab. Vollkommen unmöglich ist die Chance zur Konfrontation bei Prügeln auf den Hintern. Was sieht der Strafende vom Kind? Nur seinen Hintern! Die Einfühlung ist im Keim schon jämmerlich erstickt. Es leuchtet ein, dass dieselbe Behinderung der Empathie auch bei der Strafe durch Auszeit geschürt wird. Jeder in seinem Zimmer, ohne Blickkontakt, ohne Wortwechsel, jeder sich selbst oder eventuell seinen eigenen technischen Kommunikationsmitteln (Internet, SMS) überlassen.

Liebe Mutter, lieber Vater, an dieser Misere sind Sie nicht schuld! Den groben Fehler hat im Zuge der Jahrhunderte unsere Gesellschaft begangen. Sie können sich davon im Interesse der Liebe frei machen. Es ist keine neue Erfindung notwendig, um diesen Fehler zu umgehen. Es geht lediglich darum, sich im Ursprünglichen das immer noch Geltende bewusst zu machen und es vor allem auch zu tun. Mit dieser Bemühung stehen Sie nicht alleine. Sehr viele Menschen

Ein dicker Stolperstein: Disziplin

spüren die Notwendigkeit der Umkehr zum »Alt-Neuen«. In vielen wichtigen Gremien, Kursen und Organisationen wird das dringende Bedürfnis nach einer neuen Lebensform für Familien diskutiert. Verlassen Sie sich aber nicht auf die Diskussionen, sondern handeln Sie selbst. Fangen Sie damit bei sich selbst und in Ihrer Familie an. Noch heute. Und fürchten Sie sich nicht. Die Lösungen sind eigentlich schlicht, bodenständig, leicht verständlich. Manchmal aber fällt es schwer, über den eigenen Schatten zu springen. Besonders anstrengend ist es, die eigenen instinktgesteuerten Neigungen zu Angriff und Flucht mit Gewissen und Verantwortung zu zähmen. Hier einige Tipps:

◆ Beschließen Sie mit Ihrem Ehepartner und auch mit den Kindern, falls sie es schon verstehen können, nie körperlich aggressiv zu sein und nie vor oder inmitten der Konfliktbewältigung voreinander zu flüchten: »Wir sind Menschen, die zur Konfrontation der Gefühle einen Mund, Laute und Worte, Mimik und Gestik zur Verfügung haben. Jeder von uns darf unter der festen Umarmung ganz offen seine verletzten Gefühle äußern und der andere soll sich in ihn einfühlen, bis sie sich versöhnen können und bis sie Freude an der erneuerten Liebe haben.«

◆ Erklären Sie die neue Art der Konfliktbewältigung als Ihren neuen, für alle Familienangehörigen verbindlichen Lebensstil. Der Streit muss am selben Tag noch beigelegt werden, »noch bevor die Sonne untergeht«, wie es in der Bibel heißt. Wir gehen nicht im Streit zu Bett noch wachen wir im Streit auf. Das macht krank.

- Fangen Sie mit diesem Lebensstil in Ihrer Partnerschaft an, um den Kindern Vorbild zu geben. Dabei sind die Kinder über den Sinn der Versöhnung und über die Art der festen Umarmung aufzuklären. Man muss sich während der Konfrontation nicht unbedingt in den Armen halten, wenn den beiden Konfliktpartnern ihr Sprachvermögen zum Austragen des Konfliktes reicht. Für Kinder ist es jedoch wohltuend, ganz wahrnehmbar zu sehen, dass die beiden Eltern sich nicht eher voneinander trennen, bevor sie sich nicht versöhnt haben. Vorsicht aber bei Streitthemen, mit denen die Kinder nicht zu belasten sind (zum Beispiel Unstimmigkeiten in der Sexualität, Seitensprünge). Tagtägliche Reizsituationen stellen dagegen die besten Anlässe dar, um den Kindern kurz, aber intensiv die neue Art der Konfrontation vorzuleben. So nimmt zum Beispiel die Mutter das Gesicht des Vaters in ihre Hände und sagt zu ihm: »Mir tut es so weh, wenn du mich vor Gästen wegen des verbrannten Kuchens bloßstellst. Ich fühle mich dann so klein gemacht. Ich habe dich aber trotzdem lieb. Umso mehr tut es mir weh.« Auch der Vater hält den Kopf der Mutter, schaut sie an und antwortet: »Ich wollte den verbrannten Kuchen irgendwie verharmlosen. Offensichtlich habe ich eine ungeschickte Form dafür gewählt. Ich wusste nicht, dass ich damit bei dir so großen Schmerz auslöse. Das tut mir leid. Beim nächsten Mal passe ich besser auf.«

»Das brauchst du mir nicht versprechen. Ich mag dich ja trotzdem, auch wenn du manchmal ein bisschen polterst.« Ein Kuss besiegelt die Versöhnung und die Kinder sind glücklich.

- Zur Grundregel gehört es, dass der Schmerz ohne Schimpfworte und in der Ich-Form ausgedrückt wird.

- Erzwingen Sie nicht das Versprechen, »es nie wieder zu machen«. Das gilt als Verstoß gegen die bedingungslose Liebe.

- Verwenden Sie diese kurze emotionale Form der Konfrontation bei Kindern anstelle körperlicher Strafen oder der Strafe durch Auszeit. Die von der Mutter oder dem Vater geäußerte Betroffenheit ist für das sensible Kind eigentlich schon Strafe genug. Bereitet es ihm dagegen Freude, Sie verletzt zu haben, dann hat das Kind dazu ganz sicher einen tieferen Anlass. Vielleicht ist es böse, weil Sie über seine Oma, sprich Ihre Mutter, schlecht sprechen. Dann wäre eine längere, tiefergehende Konfrontation fällig, um den Konflikt zu bereinigen.

Ein dicker Stolperstein: Disziplin

◆ Es nimmt Ihnen nichts von Ihrer Würde, wenn Sie dem Kind sagen »Es tut mir leid, dass ich dir unrecht getan habe«. Ganz im Gegenteil.

Ausgiebige Informationen über das Festhalten als Lebensform und als Therapie bietet auch mein Buch *Ich halte dich fest, damit du frei wirst.*

FEHLER IM SYSTEM DER FAMILIE RECHTZEITIG ERKENNEN

Im System der Familie gibt es gewisse Ordnungen, die nach der Systemischen Aufstellungsarbeit, die von Bert Hellinger entwickelt wurde, von großer Bedeutung für gute Beziehungen sind. Dazu hier ein ganz kurzer Überblick:

- Das Ehepaar hat die erste Stelle im System der Familie. Sie entsteht dadurch, dass sich die Eheleute gegenseitig den ersten Platz geben. Beim Mann muss die erste Stelle die Frau und bei der Frau muss den ersten Platz ihr Mann einnehmen.

- Das Kind hat den zweiten Platz. Auf keinen Fall darf es zwischen den Eltern stehen. Es gewinnt zunächst die Bindung an die Mutter und etwas später soll es auch zum Vater dieselbe tragfähige, wenn auch etwas anders getönte, männliche Bindung erfahren. Für das Wohlsein des Kindes ist es von entscheidender Bedeutung, beide Eltern zu lieben, mindestens zu achten, schon weil das Kind von beiden Elternteilen seine Erbanlagen erhalten hat (wie das körperliche Äußere, den Gesichtsausdruck, sein Temperament, seine Stärken und auch seine Schwächen). Es ist für das Kind wichtig, dass es alles, was es von den Eltern bekommen hat, annimmt, mit allem Drum und Dran in der Ganzheit des Lebensgeschenks, um daraus seine eigene Persönlichkeit herauszubilden. Dem Kind fällt die Achtung der Eltern umso leichter, je achtungsvoller die beiden auch miteinander umgehen. Den guten Platz im System der Familie hat das Kind im Kindesalter vor den Eltern von Antlitz zu Antlitz (wie in der folgenden Zeichnung dargestellt). Dabei sieht es seine Eltern eng nebeneinander in einer guten Bindung. So geben die beiden Vorbild und Orientierung. Mit dem Erwachsenenalter verabschiedet sich das Kind mit Dankbarkeit und Achtung, um seinen selbstständigen Weg zu gehen. Seine Eltern lässt es als seine Wurzeln, seinen Segen, zurück.

◆ Die Reihenfolge der Geschwister richtet sich nach der Chronologie der Geburten, unabhängig von Geschlecht oder Begabung, unabhängig davon, ob das Kind lebt oder verstorben ist. Das Erstgeborene hat den ersten Platz, das Zweitgeborene den zweiten Platz und so weiter.

Das Ehepaar Hannes und Lisa, welches ich nun gerne als Fallbeispiel heranziehen möchte, hatte sich schon lange vor der eigenen Familiengründung mit vielen Themen des Zusammenlebens befasst (darunter mit dem Umgang mit Konflikten in der Ehe und mit den Schwiegereltern, Schwangerschaft und Geburt sowie die richtige Kleinkindpflege und Erziehung). Auch mit den Gesetzmäßigkeiten der systemischen Ordnungen setzten sie sich auseinander und waren davon besonders angetan. Sie fanden das von Bert Hellinger entwickelte Familienstellen faszinierend. Durch ihn begriffen sie, dass das Schicksal eines aus seiner Sippe ausgestoßenen Menschen wie ein schwarzes Loch im All wirkt, indem es die noch glühenden Galaxien in seinen Strudel zieht.

Die beiden ließen sich von einigen guten Fachleuten ihre Ursprungs- und Gegenwartsfamilien aufstellen, um eventuell vergessene Vorahnen ans Licht zu bringen. Sie staunten über das befreiende Gefühl des Segens, das sich im Innern jedes Einzelnen sowie in der ganzen Familie ereignete, wenn jeder dem ihn zugehörenden Platz bekommen hatte.

Als sie in eine von mir geleitete Aufstellungsgruppe kamen, hatten sie kein konkretes Problem. Sie standen kurz vor der Heirat und waren noch kinderlos. Sie kannten mich von der Festhaltetherapie her und waren neugierig, welchen Stil ich beim Familienstellen pflegte.

Eine solche Aufstellung verläuft in etwa wie folgt: Der Betroffene wählt aus der Gruppe der Teilnehmenden für jedes Mitglied seiner Gegenwarts- und/oder Ursprungsfamilie einen Stellvertreter aus – auch für sich selbst. Danach führt er jeden Einzelnen an den Platz, der seinem inneren Bild entspricht. Der Therapeut ermittelt nun, wie sich die verschiedenen Stellvertreter an ihrem jeweiligen Platz fühlen. Unter empathischem Einfühlen stellt er die Aufgestellten um oder überlässt den Vertretern die Möglichkeit, die Position nach eigenem Bewegungsimpuls zu verändern. So erkennen die Beteiligten, wer und warum auf einer falschen Stelle steht, jemanden möglicherweise vertritt und die eigene Identität nicht voll ausleben kann. Womöglich wird nach klärenden Interaktionen ein Lösungsbild geformt, in dem alle, auch der ursprünglich Ausgegrenzte, einen guten Platz haben.

Als ich damals also der Gruppe die systemischen Ordnungen demonstrieren wollte, unter denen die Liebe fließen kann, stellte ich als Beispiel für eine fiktive Familie Hannes und Lisa als Eheleute auf. Auch ein mögliches Kind ließ ich aufstellen. Alle drei Stellvertreter fühlten sich sehr wohl (siehe auch im Bild auf S. 103).

Da die beiden kurz vor ihrer Trauung standen, fiel mir ein, ihnen einige Rituale zu zeigen, die mit dem Grundsatzdenken der systemischen Ordnungen übereinstimmen. In Tschechien beispielsweise pflegt man folgenden Brauch: Links von der Tochter führt der

Vater die Braut zum Altar, um sie dort dem Bräutigam zu »übergeben«, der daraufhin ebenfalls links der Braut steht. Nach der Trauungszeremonie drehen sich die beiden um, sodass der Bräutigam nun auf der rechten Seite steht und sie so aus der Kirche hinausführt. Man sagt, dass diese Seitenanordnung günstig für den ehelichen Zusammenhalt sei. Der Mann hat seinen rechten Arm zum Beschützen der Frau und der Familie frei, dagegen kann die Frau, angelehnt an die linke Seite des Mannes, sein Herz mit ihrer weiblichen Logik der Liebe beeinflussen.

Noch bevor aber die Trauung gefeiert wird, sollte sich das Paar in ihren jeweiligen Elternhäusern von den Eltern verabschieden, um sich bei diesen zu bedanken und sich deren Segen zu holen. Dazu gehört auch, einen Blick auf die eigenen Wurzeln, die Vorfahren, zu werfen, um sich der eigenen Identität bewusster zu werden. Ich stellte also ein Bild von Hannes und Lisas »Wurzeln« auf. Hinter den Bräutigam rückten sein Vater und seine Mutter und hinter die Braut ebenso deren Eltern. Wir gingen in den Generationen noch weiter zurück, unter Würdigung aller Schicksale, in die die beiden eingebunden waren. Hier stelle ich dieses nur für Hannes und nur auf die drei letzten Generationen bezogen dar:

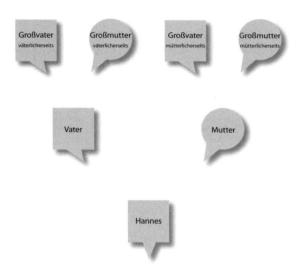

Mit dem Wohlgefühl der Aufstellung verabschiedeten wir uns voneinander. Es folgte eine Einladung zum Hochzeitsfest, an dem ich aber aufgrund anderer Termine leider nicht teilnehmen konnte. Sie schickten dafür Fotos von ihrem Hochzeitsglück. Alle Verwandten waren darauf zu erkennen und ich hatte sie nun nicht nur fiktiv in der Aufstellung »geahnt«, sondern tatsächlich auch auf dem Bild gesehen. Einige Zeit später bekam ich dann eine Geburtsanzeige. »Unser Sohn David wurde uns geboren.« Was für eine Freude! Wieder sah ich dieselben Menschen auf Fotos, die Hannes und Lisa geschickt hatten: die Omas und Opas väterlicher- und mütterlicherseits. Wie ich mich freute! Auch ich hatte ja zu einem ganz kleinen Teil zu diesem Glück beigetragen.

Ein Jahr lang hörten wir dann voneinander kein Wort. Es kam kein Foto, dann jedoch eine flehentliche Bitte um eine Aufstellung. Irgendwie hätten sich die Weichen verschoben, niemand fühle sich mehr wohl. Offensichtlich breche eine ungeahnte Verstrickung aus. Vielleicht vertrete David einen Uronkel mütterlicherseits, der sich Ende des Krieges in seine Depressionen zurückgezogen hatte und von niemandem seiner Sippe gewürdigt wurde. Oder steckte in der Identifikation mit ihm gar Hannes selbst?

Wir stellten die Situation auf. Und dies war das Bild der Störung:

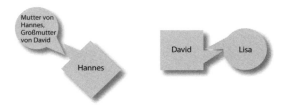

Die Ehe schien am Ende zu sein. Bei der jungen Mutter besetzte die erste Stelle nun ihr Sohn David. Ihr Mann Hannes band sich zurück an seine eigene Mutter. Wäre dieses Bild bei unserer ersten Begegnung aufgestellt worden, hätte ich die Ursache im Ursprungssystem der Familien gesucht. Ich wusste jedoch, dass es darin noch vor etwa zwei Jahren keine Spur von irgendeinem depressiven Uronkel gegeben hatte. Also verzichtete ich auf die »Spurensicherung« in eventuellen Verstrickungen der früheren Generationen und fragte zunächst bodenständig, was sich in dieser jungen Familie während des letzten Jahres abgespielt hatte.

Beide waren sich darüber einig, dass die Geburt von David ein wirklicher Höhepunkt in ihrer Ehe gewesen war und sie danach im siebenten Himmel schwebten, bis David etwa acht Monate alt war. Zu dieser Zeit sei es dann zu einem unerklärlichen Bruch gekommen. Dieser geschah während der kindlichen Entwicklungsphase, die man, aus der Perspektive der Entwicklungspsychologie betrachtet, als Fremdelphase oder auch Acht-Monats-Angst bezeichnet. Ab dieser Entwicklungsstufe kann das Baby zwischen den sehr vertrauten und den weniger vertrauten Bezugspersonen unterscheiden. Sehr bewusst klammert es sich an die ihm vertrauten, um durch diese vor den weniger vertrauten geschützt zu werden. Für David wurde die Mutter schon deshalb zum »Leuchtturm«, weil sie ihm

Fehler im System der Familie rechtzeitig erkennen

am häufigsten ihre Zuwendung zuteil kommen ließ. Hannes dagegen kam meist erst abends nach Hause oder war oft für mehrere Tage auf Dienstreise. David konnte ihn immer nur ganz kurz genießen, ähnlich wie die Oma, die auch nur einige Male pro Woche und für wenige Stunden zu Besuch kam. Ich fragte Hannes, wann sich bei ihm die erste große Enttäuschung über die Entfremdung zu David ereignet hatte.

»Eines Tages kam ich von einer langen Dienstreise zurück, streckte meine Arme nach meinem Sohne-mann aus und erwartete, dass er wie gewohnt in meine Arme krabbeln würde. Er aber zeigte mir den Rücken, brüllte fürchterlich, so als wäre das Schreien seine einzige Waffe gegen mich, den Feind, und klammerte sich an seine Mutter. Ich war zunächst bereit, mich nicht abschrecken zu lassen, und versuchte das Kind doch noch in den Arm zu nehmen. Das Schreien wurde immer reißender! Darauf sagte Lisa schließlich, dass ich das Kind doch bei ihr lassen solle. Sie würde ihn schneller beruhigen«, erzählte er mir.

Genau dies waren die schicksalhaften Worte gewesen.

»Wie hast du dich gefühlt?«, fragte ich Hannes.

»Kastriert, wirklich entmannt. Als wäre ich als Vater eine Null.«

»Und du, Lisa?«

»Ich habe doch nichts Böses gewollt. Ich hatte auch keine Ahnung, dass Hannes sich verletzt fühlte.«

»Ich war total sprachlos. Wie hast du mich so abseits stellen können? Wie konntest du mir so brutal demonstrieren, dass du alles um unser Kind herum so geschickt und gekonnt machst? Das wusste ich doch sowieso. Das musstest du mir nicht so grausam zeigen.«

Zum ersten Mal nach Monaten verließ Hannes seine innere Emigration. Beide hatten sie Fehler gemacht: Lisa hatte es versäumt, sich nicht in Hannes einzufühlen – Hannes dagegen hatte die Enttäuschung nicht zur Konfrontation gebracht.

»Das habe ich nicht gewusst. Es tut mir so leid. Deshalb gingst du lieber zu deiner Mutter als zu mir.« Lisas tränengefüllte Augen sprachen mehr als ihre Worte: Trauer und Freude zugleich. Der kleine David in seinem Tragetuch wurde wach und fing gleich zu weinen an. Das war die Chance für die richtige Hilfe meinerseits, für das Aufholen des Versäumnisses von damals, für die Korrektur des Fehlers.

»Lisa, sag eurem Kind: Jetzt entlasse ich dich zu deinem Papa. Du brauchst nicht nur mich. Der Papa ist für dich genauso wichtig. Und du bleibst bei ihm so lange, bis es euch beiden gut geht, und ich trinke zwischenzeitlich mit Jirina eine Tasse Kaffee.«

Gott sei Dank konnte man die Fehler auf beiden Seiten noch ziemlich früh wiedergutmachen. Es gibt Ehen, die aus dem gleichen, scheinbar harmlosen Grund auseinandergeraten sind.

Fehler im System der Familie rechtzeitig erkennen

Dazu noch ein weiteres Beispiel für die Bedeutung der systemischen Ordnung: Auch dieses Ehepaar war über die Regeln des familiären Systems im Bilde. Sie achteten gewissenhaft darauf, dass sie als Eltern immer die erste Stelle behalten mussten und die Kinder auf der zweiten Stelle standen. Sie hatten sich beispielsweise ausgiebig auf die Zeit nach der Geburt des zweiten Sohnes vorbereitet, die ja eine kritische Situation für die gesamte Familie darstellt: Durch die intensive Betreuung und Beachtung, die dem Neugeborenen gilt, kann beim Erstgeborenen der Eindruck einer Entthronung ausgelöst werden. Zwangsläufig wird für ihn nämlich sichtbar, dass der Säugling im Tragetuch eine größere Nähe zu den Eltern hat, ja dass er buchstäblich mit ihnen auf Tuchfühlung ist. Ganz besonders nah ist er der Mutter, wenn sie ihn stillt. Die beiden meisterten die Situation vorzüglich. Bevor die Mutter den Kleinen stillte, bot sie auch dem Vierjährigen die Brust an. Natürlich wollte er nicht trinken, aber das Angebot als solches reichte, um seiner Eifersucht vorzubeugen. Darüber hinaus stellten die Eltern das Bettchen des Erstgeborenen neben dem Bett des Vaters auf, während der Kleine neben dem Bett der Mutter in seiner Wiege lag. So genossen auch nachts beide dieselbe Nähe der Eltern. Dennoch fiel der Große nach zwei Jahren mit einer schwer erklärlichen Traurigkeit auf. Immer öfter zog er sich in sein Zimmer zurück und redete kaum noch. Die Eltern begannen mit dem Herumdoktern und letztlich deckte ein Psychologe den Fehler auf, der den Eltern trotz aller Behutsamkeit unterlaufen war: Der Große bekam zwar die Pflichten des Älteren – er sollte das Geschirr in die Spüle bringen oder seinen kleinen Bruder beaufsichtigen und stellvertretend für seine Eltern trösten –, nicht jedoch die Rechte. Er durfte sich beispielsweise nicht gegen die Aggressionen des kleinen Bruders wehren, und so ging der Kleine aus Konfrontationen immer als Sieger hervor. »Du bist doch der Vernünftigere, der Große«, sagten die Erwachsenen stets zu ihm. Als er dann das Recht bekam, seinen kleinen Bruder auch zurückweisen zu dürfen, nachdem er von ihm geschlagen, getreten oder gebissen worden war, lebte er wieder auf. Ganz selig wurde er, als es ihm als Älteren gestattet wurde, später ins Bett zu gehen als der Jüngere.

Es ist wirklich nicht leicht, den systemischen Regeln immer gerecht zu werden, denn oft verschleiern einem die Zwänge des Alltagslebens die Sicht auf die höheren Gesetze. Das passiert zum Beispiel auch, wenn ein krankes, bedürftiges Kind die Aufmerksamkeit der besorgten Eltern voll auf sich zieht. Es ist nicht außergewöhnlich, dass dann das ganze System der Familie durcheinandergerät.

ERZIEHUNG ZUR
RELIGIOSITÄT

Es geht mir im Folgenden nicht darum, für eine bestimmte Religion zu werben, es ist mir vielmehr einfach wichtig, zu verdeutlichen, dass es das natürliche Bedürfnis eines Menschen ist, an eine gerechte Macht, die über ihm steht und auf deren Liebe und Schutz er sich verlassen kann, zu glauben. Für einige Menschen ist dies Gott – gleich welcher Religion sie dabei folgen –, für andere ist es die Weisheit der Natur oder das Universum. Allen gemeinsam ist der Glaube an eine überordnende Kraft.

Zum Auftakt dieses Kapitels möchte ich gerne eine wegweisende Geschichte erzählen: »Heute Abend kommt der Nikolaus!« – um dieses Thema drehte sich an diesem Tag alles im Kindergarten. Wie er aussieht, wusste man schon. Welche Geschenke bringt er mir? Ob auch der Ruprecht mit seiner Rute kommt? Voll von diesen gemischten Gefühlen kam Leon nach Hause. Seine Mutter nahm seine Aufre-

Erziehung zur Religiosität

gung wahr und spürte vor allem seine Ängste. »Muss
es überhaupt sein, das kleine Kind solcher Angst vor
etwas Unheimlichem auszuliefern?«, dachte sie und
tröstete den Kleinen, indem sie ihm sachlich die
Wahrheit erzählte: »Die beiden und auch der Engel
sind doch nur unsere Nachbarn, verkleidet und ge-
schminkt. Sie spielen es bloß. Auch der Bart vom
Nikolaus und die lange rote Zunge vom Ruprecht
sind nur aufgeklebt und das weiße Haar des Engels
ist aus Watte gebastelt. Darunter stecken Herr Sturm
als Nikolaus, Frau Sturm als Engel und sein Sohn
als Knecht Ruprecht. Du brauchst keine Angst haben.«

Und so war es am nächsten Tag auch. Leon traute
sich sogar bei der Bescherung laut und lachend zu
sagen: »Ich kenne dich Herr Sturm, dich auch Frau
Sturm und dich auch, Andreas!« So weit so gut. Erst
am nächsten Tag erfuhr er eine herbe Enttäuschung,
denn fast alle Kinder berichteten von einem wirklichen Nikolaus, der vom Himmel angereist sei. Einige
erzählten auch vom wirklichen Ruprecht, der vom
Engel aus der Wohnung vertrieben wurde. Weinend
kam er nach Hause und klagte: »Mama, zu allen Kindern ist der wirkliche Nikolaus vom Himmel gekommen. Nur zu mir nicht. Warum kamen zu mir nur die
Sturms? Warum?« Die Mutter spürte seine Verzweif-
lung, wie er sich benachteiligt, betrogen und hinter-
gangen fühlte. Vor lauter Mitleid mit ihm hatte sie am

Erziehung zur Religiosität

Vortag offensichtlich einen Fehler gemacht. Sie hatte ihm den Glauben an den Himmel, an etwas Übersinnliches, genommen. Auf der Stelle versuchte sie, den Fehler wiedergutzumachen, indem sie ihn über das Wirkliche und das Scheinbare aufklärte. »Den heiligen Nikolaus, den gibt es wirklich, so auch Maria und das Jesuskind im Himmel. Wir können sie aber nicht richtig sehen oder befühlen, nur im Herzen können wir sie spüren und auf sie hören. Damit wir uns eine Vorstellung von ihnen machen können, lassen wir uns Bilder malen und hängen sie an Wänden auf oder führen das Krippenspiel auf. Gerade bereitet ihr es ja im Kindergarten vor. Du wirst dabei einen Hirten spielen, im Kostüm und mit aufgeklebtem Bart, obwohl du ja in Wirklichkeit kein Hirte bist. So machen es Menschen in der ganzen Welt. So war es auch mit dem Nikolaus deiner Freunde. Und weißt du, von wem wir wissen, dass wir den Namenstag des Heiligen Nikolaus und die Geburt Jesus feiern sollen? Ich verrate dir ein Geheimnis.«

»O Mama bitte, bitte, flüstere mir das Geheimnis ins Ohr!«

»Genauso wie ich es jetzt in dein Ohr flüstere, so flüsterte es mir ein wirklicher Engel ins Ohr. Ich weiß es von meinem Schutzengel.«

»O ja, ich höre meinen Schutzengel auch oft.«

Voll verstanden und einverstanden. Leon war glücklich.

Erziehung zur Religiosität

Kinder sind noch mit einem Fuß in ihrer himmlischen Heimat. Sie bringen uns von dort die geistigen Schätze, die wir Erwachsene mit unserer sachlichen, nüchternen Denkweise verschüttet haben: die endlose Liebe, die grenzenlose Hingabe an das für uns unergründliche große Ganze, was wir vielleicht Gott oder Vater nennen. So kommt mit jedem Kind ein Hauch von Himmel zu uns. Noch voller Himmel ist das Kind allerdings noch nicht ganz in der Realität dieser Welt verankert. So spielt es im Dialog mit seinem Engel, es sieht ihn sogar, spricht ihn mit Namen an. Es meint, die Sonne berühren zu können, wenn es sich auf den Weg zu ihm begibt. Es ist überzeugt, dass der Ozean, an dessen Strand es steht, »mein Ozean« ist und niemand anderem gehört. Die Werte, die es aufgrund seines magischen Denkens erkennt, stimmen mit den Geschehnissen in der Bibel und mit den Märchen überein: der edle Kampf gegen das Böse und für das Gute. Jedes Mal schöpft das Gute die entscheidende Kraft aus der Liebe. Und ausnahmslos wird das Gute erlöst und das Böse bestraft. So wird das Kind in die Polarität der Ethik eingeführt. Eigentlich stellt das magische Denken eine Brücke zwischen dem Himmel und der Realität dieses irdischen Lebens dar.

Diese Entwicklungsstufe ist, wie gesagt, die des magischen Denkens und dauert bis etwa zum siebten Lebensjahr. Danach wird dieses Denken immer seltener, bis es sich in der Pubertät unter der Kraft des

114

kritischen Denkvermögens ganz zurückbildet. Der beste Nährboden für die Entwicklung des Glaubens ist also die magische Stufe. Wenn Eltern und Lehrer sich also entschließen, dem Schüler zunächst nur das Unterrichtsfach Ethik zu vermitteln, damit er sich später selbst für seine Religiosität entscheiden kann, befinden sie sich im Irrtum. Das ist so, als sollte jemand aus einem Irrgarten den Weg finden und gehen, obwohl er noch nicht einmal auf seinen eigenen Beinen stehen kann und dabei auch noch rechts und links vertauscht. Dies ist nicht wiedergutzumachen. Doch Wunder geschehen immer wieder. Der junge Mensch muss nun jedoch alleine oder mit Freunden zum Glauben finden, mit der Triebfeder seiner Seele, denn diese sehnt sich nach der gelebten Verbindung mit dem Göttlichen, von dem sie ausgesandt wurde. Sie sucht das Wissen um die Endlosigkeit, den Sinn ihrer Existenz und die Freude an ihrer Erfüllung. Dieses Bedürfnis nach höheren Werten und nach der Orientierung an Vorbildern spürt die Menschheit seit jeher. Es wurde zum Grundstein aller Religionen, aber auch Anlass zur Verehrung falscher Götter wie Diktatoren oder satanistischen Sekten und scharlatanischen Gurus.

Wir leben in einer schicksalhaften Zeit, in der die Weichen für die weitere Entwicklung der Menschheit gestellt werden. Auch von der Endzeit ist häufig die

Erziehung zur Religiosität

Rede. Das bedeutet aber nicht, dass wir resignieren sollten! Es ist Zeit, nicht nur darüber zu philosophieren, sondern zu handeln. Wir sollten uns alle aufgerufen fühlen, unsere Fehler auf der Gesellschaftsebene zu erkennen und sie wiedergutzumachen. Viele Eltern hätten ja diesen oder jenen Fehler nicht begangen, wären sie nicht dazu vom kranken Zeitgeist verleitet worden.

Unter den Zeichen der Zerstörung leuchten heutzutage nicht nur kleine Funken der Hoffnung. Wenn man will, sieht man die mächtige Helligkeit ganzer Galaxien. Es sind Zeichen des gnadenvollen Segens für unsere positive Sicht in die Zukunft und unser Tun, damit uns die Erneuerung der Menschlichkeit auf dieser Erde noch gelingen möge. Einige Bilder der Kraft stellvertretend für viele andere:

◆ Die fast unzähligen Pilger auf dem Jakobsweg nach Santiago de Compostella

◆ Die vielen jungen Leute, die ohne Stühle während des Sterbens von Johannes Paul II. und während der Wahl von Benedikt XVI. auf dem Petersplatz in Rom ausgeharrt haben, rein um die Schwingung des Mitleids und des Miteinanders fühlen zu dürfen.

◆ Gregorianische Choräle, gesungen von Mönchen des Zisterzienser Ordens in Stift Heiligenkreuz (A), die sich in den United World Charts platzierten. Später erreichte das Album Gold-Status in

Erziehung zur Religiosität

Österreich, Deutschland, der Schweiz und Belgien.
Spirituelle Musik als Welt-Hit!

◆ Das alt-neue Denken der Physiker und der Astro-
nomen. Schon die ganz alten, wie Kopernikus und
Galilei, ahnten die Existenz Gottes. Sie haben
Gottes Schöpfungsplan mithilfe der Mathematik
zu entschlüsseln versucht. Die jüngeren Physiker
(wie C. F. Weizsäcker, H.-P. Dürr u.a.) versuchten
dasselbe. Während also Otto Normalverbraucher
den Physiker wegen seiner technischen Bedürfnisse
sucht, sucht der Physiker das Göttliche. Während
eines Violinkonzerts stürmte Albert Einstein die
Garderobe von Yehudi Menuhin und rief ihm zu:
»Maestro, bereits haben Sie mit Ihrer Musik die
Existenz Gottes nachgewiesen!« Welch ein Denk-
wandel im Vergleich zum kopflastigen Denken unserer Vorväter!

◆ In den USA wird mit Barack Obama zum ersten
Mal ein Schwarzer zum Präsidenten gewählt. Wie
schnell dreht sich das Rad der Zeit! Sein Vater
wurde noch vor weniger als 60 Jahren aufgrund
seiner Hautfarbe in einem Lokal nicht bedient. In
seiner ersten Rede nach der Vereidigung sagte
Barack Obama: »Die Zeit ist gekommen, unseren
fortdauernden Geist zu bestärken, unsere bessere
Geschichte zu wählen, dieses wertvolle Geschenk,
diese noble Idee weiterzutragen, die von Generation zu Generation weitergegeben wurde: das gott-

gegebene Versprechen, dass alle gleich sind, alle frei sind, dass alle eine Chance verdienen, ihr volles Maß an Glückseligkeit zu erstreben. (...) Das ist der Ursprung unseres Zutrauens – das Wissen, dass Gott uns aufruft, eine ungewisse Zukunft zu gestalten.«

◆ Weltweite eifrige Bemühungen um freundschaftliche Verbindung zwischen den verschiedenen Religionen und Völkern.

◆ In der Psychologie beheimatet sich der Hinweis auf das allerhöchste spirituelle Bedürfnis nach Transzendenz, nach Einklang mit dem Kosmos, nach Gott, immer deutlicher. Nach der eher atheistischen Welle um Sigmund Freud ist der Aufschwung hin zur Spiritualität C. G. Jung zu verdanken. Dieses Bedürfnis wird so gut wie nicht infrage gestellt, sondern im Gegenteil ganz konkret geschätzt, zum Beispiel im Zusammenhang mit der sogenannten »Resilienz«, das heißt mit der psychischen Widerstandsfähigkeit – einer strapazierfähigen Belastbarkeit der Seele. Der Begriff »Resilienz« ist in der Psychologie übrigens neu. Er wurde aus der Werkstoffphysik übernommen, wo er für die Belastbarkeit eines elastischen Materials unter extremen Spannungen steht.

Die Wirkung des »himmlischen Managements«, wie ich gerne den Heiligen Geist bezeichne, ist unverkenn-

Erziehung zur Religiosität

bar. Wo sollen wir mit unserem Handeln beginnen? Vor allem bei den Kindern. Sie werden einmal die Fehler ihrer Eltern und Großeltern ohne Verluste der Achtung vor ihnen erkennen und wiedergutmachen müssen. Sie sind es, die den folgenden Generationen die Basis für die Entwicklung der Menschlichkeit sichern werden. Das wird uns gelingen, wenn wir Erzieher, Lehrer, Eltern sowie auch die Seelsorger dafür gewinnen können.

Mit welchen Empfehlungen soll ich dieses Kapitel also schließen?

EINIGE ERZIEHUNGSTIPPS

◆ Falls Sie im Einklang mit Ihrer Lebensanschauung Ihr Kind religiös erziehen, können Sie es zum Einhalten der kirchlichen Pflichten (zum Beispiel tägliches Beten u.a.) anhalten. Weitere Orientierung bieten jedoch Jesus Worte: »Nicht jeder, der zu mir sagt: Herr! Herr!, wird in das Himmelreich kommen, sondern nur, wer den Willen meines Vaters im Himmel erfüllt.« Der Wille Gottes bezieht sich eindeutig auf die gelebte Liebe, das Gebet steht erst an zweiter Stelle. Lassen Sie dies einen Wegweiser für die Erziehung zu wahren Werten sein.

Dazu eine Geschichte: Bei einem Familienfest er-

Erziehung zur Religiosität

schien als interessanter Gast ein Uronkel, ein angesehener Kapuzinerabt. Um ihn herum sammelten die Eltern ihre Kinder, um mit dem Onkel über Religiosität zu sprechen. Das Hauptwort versuchte der zehnjährige Alexander zu ergreifen, der stolze Erstgeborene. Im Kreise seiner ihn bewundernden Tanten und Onkel und ihn beneidenden Cousinen und Cousins brüstete er sich, was für ein unverzichtbarer Ministrant er sei, der beste von allen. Perfekt beherrsche er alle Teile des Gottesdienstes. Sogar auf Lateinisch könne er einiges sagen. Jeden Abend bete er mehrere lange Gebete, sogar den Rosenkranz, und fordere dazu auch seine weniger willigen Geschwister auf. Seine Eltern flüsterten dem Uronkel ins Ohr, dass aus dem Burschen sicherlich einmal mindestens ein Priester heranwachse und erwarteten seine herzliche Zustimmung. Lange hörte der Uronkel geduldig zu. Dann aber stellte er in dem Gesprächskreis die Weichen völlig anders. »Beten kannst du also hervorragend, Alexander. Und jetzt schauen wir, wie ihr Kinder den Willen Gottes in guten Taten, so wie er es sich wünscht, und nicht nur im Gebet erfüllt. Wer von euch hat mit einer guten Tat einem anderen bedürftigen Menschen geholfen?« Alle Kinder waren sogleich hellwach und meldeten sich eifrig zu Wort. Jeder wusste etwas. Jens half einer alten Nachbarin schwere Einkaufstaschen zu tragen. Helene beaufsichtigte stundenweise Kinder einer alleinstehenden Mut-

Erziehung zur Religiosität

ter, Niklas verteidigte seinen türkischen Mitschüler gegen andere, die versuchten, ihn zu mobben ... Nur Alexander schwieg, und es war ihm peinlich. Auch seine Eltern wurden nachdenklich. Hatten sie aus Stolz einen Fehler gemacht?

◆ Vorgegebene Gebete wie das Vaterunser und das Glaubensbekenntnis sind zweifellos in einer christlichen Erziehung wichtig. Doch noch inniger kann sich das Kind mit Jesus, der Mutter Gottes oder seinem Schutzengel verbinden und in dieser persönlichen Verbundenheit mit ihnen in Freundschaft zusammenleben, wenn es mit eigenen Worten und bei verschiedenen Gelegenheiten zu ihnen spricht. Gerne lasse ich mich an einen Esstisch einladen, bei dem jeder sein Gebet kurz ausdrückt: »Ich danke dir, Jesus, dass meine Mama heute mein Lieblingsessen gekocht hat.« »Ich danke dir, Jesus, dass ich heute keine Magenschmerzen mehr habe und essen darf.« »Lieber Jesus, bitte gib, dass auch die Kinder in Afrika keinen Hunger haben müssen.«

◆ Lassen Sie Ihrem Kind die bedingungslose Liebe bei jeder Gelegenheit spüren und erklären Sie ihm, dass jeder Mensch auf diese Weise bedingungslos von Gott geliebt wird, auch dann, wenn wir Fehler und Sünden begangen haben oder immer noch begehen. Führen Sie es dazu, dass es sich selbst bedingungslos lieben kann, auch wenn ihm etwas nicht gelingt. Bei der Gelegenheit können Sie es auch darüber aufklären, dass der äußere Erfolg weniger zählt als die inneren Werte, das sich im Charakter äußernde Sein. Sie als Mutter, zeigen Sie Ihrem Kind, dass Sie auch seinen Vater trotz all seiner Fehler lieben. Und Sie als Vater, zeigen Sie Ihrem Kind, dass Sie auch seine Mutter trotz all ihrer Fehler lieben. Leben Sie ihm vor, dass Sie auch Ihre eigenen Eltern lieben, mindestens ehren, auch wenn sie vielleicht viele Fehler gemacht haben.

◆ Verzichten Sie auf körperliche Strafen (wie auf S. 87 ff. beschrieben) wie auch auf die Bestrafung durch eine sogenannte Auszeit. Unter allen diesen Strafen wird die emotionale Konfrontation von Antlitz zu Antlitz und somit auch die Einfühlung in den anderen verhindert. Denken Sie daran, dass ohne Einfühlung die Liebe nicht gelingen kann.

◆ Staunen Sie mit dem Kind über die Wunder der Schöpfung! Über die Form der Schneeflocken, über die noch verborgenen Geheimnisse der Knospen, über die Drehungen der Planeten und die Unendlichkeit des Alls, über die sogenannten Zufälle und wundersamen Heilungen. Öffnen Sie dem Kind den mystischen Blick durch den sogenannten Spiegel, die unsichtbare Wand zwischen dem Himmel und der Erde. Wenn Sie nicht wissen, was ich meine, erzählen

Erziehung zur Religiosität

Sie dem Kind vom Heiligen Juan Diego. Dem mexika-
nischen Indio erschien im 16. Jahrhundert die Mutter
Gottes mehrfach auf einem Hügel in der Nähe von
Mexiko-Stadt. Nach ihrem zweiten Erscheinen wuch-
sen, obwohl es tiefster Winter war, auf dem Berg
Rosen, die er in seinem Mantel zum Bischof brachte.
Als dieser den Mantel öffnete, war darauf die Mutter
Gottes zu sehen, gekleidet in einen Sternenmantel. Bis
heute haben Wissenschaftler nicht den Ursprung der
Farben dieses Bildnisses aufdecken können und ame-
rikanische Forscher fanden heraus, dass die Konstella-
tion der Sterne auf dem Mantel Mariens exakt der
Konstellation des Sternenhimmels an jenem Tag im
Dezember 1531 entspricht. Den Mantel mit dem Bild
kann man übrigens heute immer noch in der »Basilika
der Jungfrau von Guadalupe« in Mexiko betrachten.

Zur weiteren Inspiration empfehle ich das wunder-
schöne Buch von Susanne Stöcklin-Meier: *Kinder
brauchen Geheimnisse.*

◆ Machen Sie sich und Ihrem Kind bewusst, dass wir
stets von einem unsichtbaren Freund, dem Engel und
bei großer Gefahr auch von mehreren Helfern, begleitet sind. »Jemand führt mich an der Hand, wenn mir
im Dunklen bange ist«, ließ auf seine Todesanzeige
Zdeněk Matějček, der beliebteste tschechische Kin-
derpsychologe und weltbekannte Forscher kindlicher
Schicksale drucken.

Ich selbst bin meiner Mutter für das Geschenk des unendlichen Vertrauens in Gottes Willen dankbar. Auch möchte ich meinen Eltern dafür danken, dass sie mich trotz meiner Fehler geliebt haben, so wie ich sie trotz der ihrigen liebte.

LITERATUREMPFEHLUNGEN

Dahlke, Ruediger; Kaesemann, Vera: *Krankheit als Sprache der Kinderseele. Be-Deutung kindlicher Krankheitsbilder und ihre ganzheitliche Behandlung*. C. Bertelsmann, München 2009

Gadamer, Hans-Georg: *Erziehung ist sich erziehen*. Kurpfälzischer Verlag, Heidelberg 2000

Gordon, Thomas: *Familienkonferenz. Die Lösung von Konflikten zwischen Eltern und Kind*. Heyne, München, 47. Auflage 2008

Hellinger, Bert: *Ordnungen der Liebe. Ein Kursbuch*. Carl-Auer Verlag, Heidelberg, 8. Aufl. 2007

Hug, Heinrich; Neubauer, Monika und Andreas; Schippl, Hertha und Martin: *Unser größter Schatz. Erziehungslehre nach Joseph Kentenich*. Patris Verlag, Vallendar 2009

Korczak, Janusz: *Wie man ein Kind lieben soll*. Vandenhoeck & Ruprecht, Göttingen, 14. Aufl. 2008

Piaget, Jean: *Das Weltbild des Kindes*. dtv, München 1992

Stöcklin-Meier, Susanne: *Kinder brauchen Geheimnisse. Über Zwerge, Engel und andere unsichtbare Freunde*, Kösel-Verlag, München, 4. Aufl. 2006

JIRINA PREKOP BEI KÖSEL

Jirina Prekop, **Erstgeborene.** *Über eine besondere Geschwisterposition*
Wer als Erstgeborener auf die Welt kommt, dem eröffnen sich mit dieser Geschwisterposition ganz eigene Chancen – es tun sich aber auch spezielle Ängste und Herausforderungen auf. Jirina Prekop möchte alle für das besondere Schicksal der Erstgeborenen sensibilisieren. 9. Auflage 2008

Jirina Prekop, **Schlaf, Kindlein – verflixt noch mal!**
So können Sie und Ihr Kind ruhig schlafen
In vielen Familien sind die Nächte mit dem Kind eine Qual: Trotz liebevoller Versuche, das Kind zum (Ein-)Schlafen zu bringen, will es oft nicht klappen. Jirina Prekop zeigt, welche Voraussetzungen gegeben sein müssen, damit ein Kind schlafen kann. Ihre wichtigste These lautet: Zum Schlafen braucht das Kind Sicherheit. 10. Auflage 2008

Jirina Prekop, **Getragen vom Fluss der Liebe.**
Im Gespräch mit Ingeborg Szöllösi und Ivana Kraus
Wie wurde Jirina Prekop zu der beeindruckenden Psychologin, die schon so vielen Eltern und Kindern geholfen hat? Und wie hat ihr Lebensweg ihre erfolgreiche Arbeit beeinflusst? Dieses Buch fasst das Leben und Wirken dieser besonderen Frau erstmals und in spannender Weise zusammen. 1. Auflage 2004

Jirina Prekop/Christel Schweizer, **Kinder sind Gäste, die nach dem Weg fragen.** *Ein Elternbuch*
Ein Kind zu erziehen heißt, es in der Besonderheit seines kindlichen Wesens bedingungslos anzunehmen. Konkrete Beispiele aus dem Alltag zeigen, wie Eltern ihr Kind auf seinem Weg be-

gleiten können. Eine Kraftquelle für alle verantwortungsbewussten Eltern und Erzieher. 20. durchgesehene und erweiterte Auflage 2008

Jirina Prekop/Bert Hellinger, **Wenn ihr wüsstet, wie ich euch liebe.** *Wie schwierigen Kindern durch Familien-Stellen und Festhalten geholfen werden kann*
Warum ist ausgerechnet das eine Kind unsteuerbar, obwohl es dieselben Eltern hat wie seine gut erzogenen Geschwister? Und warum überfordern einige Kinder ihre Eltern und Lehrer? Jirina Prekop und Bert Hellinger erkannten, dass die Gründe oftmals im Verborgenen liegen und Ergebnis einer gestörten Ordnung des familiären Systems sind. 3. Auflage 2002

Jirina Prekop, **Ich halte dich fest, damit du frei wirst.** *Die Festhaltetherapie: Grundlagen, Anwendungen und Weiterentwicklungen*
In der Festhaltetherapie werden Konflikte und gestörte Bindungen emotional in der festen Umarmung konfrontiert. Alles Trennende und Unangenehme wird dabei ausgedrückt: von Bauch zu Bauch, von Herz zu Herz und von Antlitz zu Antlitz. So lange, bis sich die beiden Haltenden ineinander eingefühlt haben und die Liebe wieder fließen kann. Das Grundlagenwerk für Therapeuten und alle, die sich Hilfe bei Beziehungsschwierigkeiten wünschen. 1. Auflage 2008

Jirina Prekop/Gerald Hüther, **Auf Schatzsuche bei unseren Kindern.** *Ein Entdeckungsbuch für neugierige Eltern und Erzieher*
Jirina Prekop und der Hirnforscher Gerald Hüther haben sich in diesem Buch auf die Suche nach dem gemacht, was wir von Kindern lernen können. Bei dieser Schatzsuche erfahren wir viel darüber, wie sich Kinder entwickeln, und lernen ganz Erstaunliches darüber, was dabei alles in ihrem Gehirn passiert. 3. Auflage 2007

DIE AUTORIN

Dr. phil. Jirina Prekop ist Diplom-Psychologin und arbeitete viele Jahre in der bekanntesten Kinderklinik in Stuttgart. Ihre zahlreichen Bücher sind mittlerweile in 24 Sprachen übersetzt worden, einige von ihnen wurden zu Bestsellern. Die Begründerin der Festhaltetherapie nach Prekop und Erste Vorsitzende der *Gesellschaft zur Förderung des Festhaltens als Lebensform und Therapie e.V.* wohnt in Lindau am Bodensee, ist jedoch meist unterwegs zu Vorträgen und Seminaren.
www.prekop-festhalten.de